PEDAGOGIA ESCOLAR
Coordenação Pedagógica e Gestão Educacional

EDITORA AFILIADA

Conselho Editorial de Educação:
José Cerchi Fusari
Marcos Antonio Lorieri
Marli André
Pedro Goergen
Terezinha Azerêdo Rios
Valdemar Sguissardi
Vitor Henrique Paro

Dados Internacionais de Catalogação na Publicação (CIP)
(Câmara Brasileira do Livro, SP, Brasil)

Pinto, Umberto de Andrade
  Pedagogia escolar : coordenação pedagógica e gestão educacional / Umberto de Andrade Pinto. — São Paulo : Cortez, 2011.

  Bibliografia.
  ISBN 978-85-249-1829-2

  1. Educação - Administração 2. Educação - Finalidades e objetivos 3. Pedagogia 4. Supervisão escolar I. Título.

11-08918					CDD-371.2

Índices para catálogo sistemático:
1. Educação : Gestão   371.2
2. Gestão educacional   371.2
3. Gestão dos sistemas de ensino : Educação   371.2

Umberto de Andrade Pinto

PEDAGOGIA ESCOLAR

Coordenação Pedagógica e Gestão Educacional

1ª edição
5ª reimpressão

PEDAGOGIA ESCOLAR: Coordenação Pedagógica e Gestão Educacional
Umberto de Andrade Pinto

Capa: aeroestúdio
Preparação de originais: Jaci Dantas
Revisão: Maria de Lourdes de Almeida
Composição: Linea Editora Ltda.
Coordenação editorial: Danilo A. Q. Morales

Nenhuma parte desta obra pode ser reproduzida ou duplicada sem autorização expressa do autor e do editor.

© 2011 by Autor

Direitos para esta edição
CORTEZ EDITORA
Rua Monte Alegre, 1074 – Perdizes
05014-001 – São Paulo – SP
Tel.: (11) 3864-0111   Fax: (11) 3864-4290
e-mail: cortez@cortezeditora.com.br
www.cortezeditora.com.br

Impresso no Brasil – novembro de 2023

À Marcia
Ao Pedro

Sumário

APRESENTAÇÃO
Selma Garrido Pimenta 11

INTRODUÇÃO 15

CAPÍTULO 1 Docência, Ciências da Educação e Pedagogia 23

— Mudança de paradigma sobre a docência e a Pedagogia 23
— Educação e Sociedade 25
Da Pedagogia às Ciências da Educação 30
Das Ciências da Educação à Pedagogia 41

CAPÍTULO 2 A Pedagogia Escolar e as demandas da
escola pública 72

— A Pedagogia Escolar 73
— O pedagogo escolar 74
— A previsibilidade nas ações educativas 78
A tradição histórica de atuação dos pedagogos nas escolas
brasileiras 80

A crítica aos especialistas de ensino 89
Crítica à crítica dos especialistas de ensino 93
Perspectiva de atuação do pedagogo escolar a partir de uma abordagem crítica da educação 97
Demandas da escola pública contemporânea 100
A atuação do pedagogo frente às demandas da escola pública brasileira na atualidade 119
A atuação da equipe diretiva da escola: o que dizem os professores 120

CAPÍTULO 3 Áreas de atuação do pedagogo escolar 138

A atuação do pedagogo escolar via projeto político-pedagógico .. 139
Áreas de atuação do pedagogo escolar 149
O pedagogo escolar e a coordenação do trabalho pedagógico ... 151
O pedagogo escolar e os programas de desenvolvimento profissional dos educadores 159
O pedagogo escolar e a articulação da escola com a comunidade local 167
O pedagogo escolar na direção da escola 168

REFERÊNCIAS BIBLIOGRÁFICAS 177

Lista de Abreviaturas e Siglas

AIDS	*Acquired Immuno Deficience Syndrome*
ANPEd	Associação Nacional de Pós-Graduação e Pesquisa em Educação
CP	Coordenador Pedagógico
DE	Delegacia de Ensino
FEUSP	Faculdade de Educação da Universidade de São Paulo
GEPEFE	Grupo de Estudos e Pesquisas sobre Formação de Educador
INEP	Instituto Nacional de Estudos e Pesquisas Educacionais Anísio Teixeira
MEC	Ministério da Educação e Cultura
OE	Orientador Educacional
ONG	Organização Não Governamental
PABAEE	Programa Americano-Brasileiro de Assistência ao Ensino Elementar
PCP	Professor Coordenador Pedagógico
PPP	Projeto Político-Pedagógico
PUC	Pontifícia Universidade Católica
SAEB	Sistema de Avaliação da Educação Básica
UnB	Universidade de Brasília

Apresentação

É com imensa satisfação que apresento o livro *Pedagogia Escolar: Coordenação Pedagógica e Gestão Educacional*, de Umberto de Andrade Pinto, que a Cortez Editora ora publica. O texto tem sua origem na tese de doutorado defendida pelo autor, junto ao Programa de Pós-Graduação da Educação da Faculdade de Educação da Universidade de São Paulo, 2006, com o título de *Pedagogia e Pedagogos Escolares*. O estudo parte de uma pesquisa empírica, junto a professores da educação básica na rede pública do Estado de São Paulo, analisada com denso suporte teórico e histórico do campo da pedagogia, traz significativa contribuição ao reafirmar a identidade da pedagogia como campo de conhecimento sobre a educação entendida como fenômeno da prática social e da necessidade dos profissionais pedagogos na ressignificação de seu trabalho no âmbito da organização e coordenação pedagógicas das escolas com seus desafios da atualidade. Para isso, analisa *os desafios e as demandas da escola pública na atualidade e dos serviços pedagógicos reivindicados pelos professores*, o que lhe permite apontar quatro áreas de atuação do pedagogo escolar articuladas ao projeto político pedagógico das escolas: *a coordenação do trabalho pedagógico, a direção escolar, a coordenação dos programas de desenvolvimento profissional dos educadores e a articulação da escola com a comunidade local*. Assim, defende que *os profissionais que ocupam os cargos diretivos nas escolas tenham formação específica no campo pedagógico, o que efetivamente os habilitariam como pedagogos escolares*.

Corajosa (e necessária) essa postura que Umberto assume, contrariando frontalmente as Diretrizes Curriculares Nacionais do Curso de Pedagogia, que comete o equívoco de reduzir o campo da pedagogia e os pedagogos à docência na Educação Infantil e nos anos iniciais do Ensino Fundamental. Por outro lado, as teses de Umberto apontam possibilidades para o CNE resolver o grave erro em que ocorreu ao contrariar dispositivos da Lei de Diretrizes e Bases da Educação Nacional, peça legal que antecede e delimita o escopo das diretrizes curriculares de qualquer curso de nível superior no país.

Nos últimos 30 anos temos participado intensamente das discussões e embates referentes à identidade da pedagogia e dos pedagogos. Em inúmeras oportunidades — livros publicados também pela Cortez Editora, artigos em periódicos nacionais e internacionais, fóruns, congressos, palestras, eventos especialmente organizados para discussão do tema — expressamos nosso entendimento, contrário ao que acabou por prevalecer nessas diretrizes, que a nosso ver ao reduzir o curso de pedagogia à formação de professores, acaba por esvaziá-lo da pedagogia e da formação de pedagogos.

Em nosso entendimento esse esvaziamento dos estudos sistemáticos de educação e a descaracterização profissional do pedagogo conduzem ao esvaziamento da teoria pedagógica. Como nos expressamos em vários de nossos escritos há um contingente maciço de egressos dos cursos de pedagogia que, curiosamente, não estudaram Pedagogia. Esses cursos, de modo geral, oferecem estudos disciplinares das ciências da educação que, na maioria das vezes, ao partirem dos campos disciplinares de suas ciências-mãe para falar sobre educação, o fazem sem dar conta da especificidade do fenômeno educativo e, tampouco, sem tomá-lo nas suas realidades histórico-sociais e na sua multiplicidade.

Quanto à descaracterização profissional do pedagogo, subsumido ao 'professor', sua formação passa a ser dominada pelos estudos disciplinares das áreas das metodologias. Estas, ao se referirem diretamente à sala de aula, espaço fundamental da docência, ignoram os determinantes institucionais, históricos e sociais (objeto de estudo da

Pedagogia). Desse modo, a Pedagogia, ciência que tem a prática social da educação como objeto de investigação e de exercício profissional — no qual se inclui a docência, embora nele se incluam outras atividades de educar — não tem sido tematizada nos cursos de formação de pedagogos.

E em inúmeras ocasiões defendemos a importância da realização de pesquisas empíricas que partissem das demandas concretas das escolas, especialmente as públicas que foram significativamente ampliadas, trazendo grandes desafios para que se garanta qualidade formativa à população que antes estava excluída das vagas públicas. E aí se apontasse a contribuição da pedagogia e dos profissionais pedagogos.

Com efeito, ao buscar entender o que é necessário para a melhoria do ensino público oferecido para a grande população brasileira, Umberto afirma que *alguns consensos já foram possíveis a partir das pesquisas produzidas no meio acadêmico, embora comumente desconsideradas pelas políticas públicas. Elas apontam que a mudança qualitativa das aprendizagens dos alunos passa pela formação dos professores, desde que articulada às condições de desenvolvimento profissional docente, e indicam também o papel decisivo que a equipe diretiva da escola assume neste processo de mudança. As equipes diretivas das escolas são constituídas pelos coordenadores pedagógicos, diretores e vice-diretores, ou seja, os profissionais do ensino que atuam fora da sala de aula — os pedagogos escolares. A Pedagogia Escolar refere-se à área da Pedagogia que estuda as questões relacionadas à educação escolar e às áreas de atuação dos pedagogos nas escolas.*

Com este livro o autor contribui para ressignificar o papel da equipe diretiva da escola, instituição educacional cada vez mais complexa, que necessita da mediação profissional do pedagogo escolar no desenvolvimento qualitativo dos processos de ensino e aprendizagem que nela ocorrem.

Selma Garrido Pimenta
São Paulo, julho de 2011

Introdução

Assistimos, no início deste século XXI, a um intenso debate público em torno do significado da educação escolar nas sociedades contemporâneas. Para muitos, a escola não faz mais sentido numa época marcada por grande avanço tecnológico com as informações circulando em toda parte, o que descaracterizaria um suposto papel histórico da escola. Para outros, ela deve ser ressignificada pelas demandas sociais da atualidade, e, nesta perspectiva, os debates se centralizam em torno da formação de professores. Entretanto, a ressignificação do papel da escola nos dias atuais, embora esteja articulada à formação dos professores, não se reduz a este aspecto, à medida que outros fatores estão presentes neste processo, desde as condições de exercício da docência até as expectativas mais amplas depositadas pela sociedade de um modo geral em relação à educação escolar.

No Brasil, estas discussões tornam-se ainda mais intensas, pois ocorrem num momento histórico de tardia universalização do Ensino Fundamental, e forte expansão tanto da Educação Infantil quanto do Ensino Médio. Ou seja, no caso brasileiro, os desafios são muito maiores: além de atualizar o papel da escola na sociedade contemporânea, temos que simultaneamente ressignificá-la do ponto de vista das aprendizagens das crianças, dos jovens e dos adultos das classes populares, que sempre estiveram dela excluídas. Como sabemos, a universalização do acesso à Educação Básica vem ocorrendo, via de regra, sem a oferta de um ensino qualitativo que efetivamente favoreça aprendizagens significativas para todos os alunos das escolas públicas brasileiras.

É no âmbito da Pedagogia e das Ciências da Educação que ocorre a produção de estudos e pesquisas que contribuem com estes debates e com os encaminhamentos possíveis. Entre nós, esta produção é intensificada nas duas últimas décadas com a ampliação dos cursos de pós-graduação em educação, em especial nas universidades públicas.

Ao buscar entender o que é necessário para a melhoria do ensino público oferecido para a grande população brasileira, alguns consensos já foram possíveis a partir das pesquisas produzidas no meio acadêmico, embora comumente desconsideradas pelas políticas públicas. Elas apontam que a mudança qualitativa das aprendizagens dos alunos passa pela formação dos professores, desde que articulada às condições de desenvolvimento profissional docente, e indicam também o papel decisivo que a equipe diretiva da escola assume neste processo de mudança.

As equipes diretivas das escolas são constituídas pelos coordenadores pedagógicos, diretores e vice-diretores, ou seja, os profissionais do ensino que atuam fora da sala de aula — os pedagogos escolares. A Pedagogia Escolar refere-se à área da Pedagogia que estuda as questões relacionadas à educação escolar e às áreas de atuação dos pedagogos nas escolas. Assim, este livro busca ressignificar o papel da equipe diretiva da escola na atualidade, tendo em vista a melhoria da educação oferecida à grande população brasileira, que foi historicamente excluída do sistema público de ensino.

A escola, como instituição educacional cada vez mais complexa, necessita da mediação profissional do pedagogo escolar no desenvolvimento qualitativo dos processos de ensino e aprendizagem que nela ocorrem. Os professores sozinhos nas salas de aula não garantem uma aprendizagem significativa aos alunos. Assim, além dos profissionais da esfera operacional e administrativa, uma aprendizagem de efetiva qualidade demanda intervenções pedagógicas e educacionais sejam do diretor, do vice-diretor, do coordenador pedagógico ou orientador educacional. Para tanto, esses profissionais devem ter uma formação específica e especializada na área pedagógica: uma formação que ocorra no âmbito da Pedagogia.

Desde a segunda metade do século passado acumulou-se, nas escolas e em outras instâncias dos sistemas de ensino brasileiro, uma tradição significativa do trabalho desenvolvido pelos profissionais egressos dos cursos de Pedagogia: diretores, vice-diretores, orientadores educacionais, coordenadores pedagógicos, supervisores de ensino. A partir dos anos 1970, vários estados brasileiros instituíram concursos públicos para a escolha desses profissionais, dos quais se exigia titulação compatível com os cargos a serem ocupados. Deste modo, houve um avanço no combate às políticas clientelistas dos governantes em exercício que em vários municípios indicavam quem assumiria estes cargos nas escolas.

Contudo esse avanço político, em termos de profissionalização na área do magistério, teve um recuo a partir da década de 1990, com a flexibilização do acesso aos cargos de especialistas de ensino a professores sem formação especializada em Pedagogia.[1]

Pelo menos três motivos explicam essa flexibilização. O primeiro surge no movimento dos próprios professores que passam a defender a eleição, entre seus pares, dos profissionais a ocuparem os cargos de diretor, vice-diretor etc. Assim, nem sempre tem se exigido do profissional eleito uma formação específica na área pedagógica, considerando suficiente sua experiência docente. O segundo motivo refere-se às políticas públicas na área de Educação marcadas pelo discurso neoliberal de flexibilização do mercado de trabalho na sociedade do desemprego: qualquer um pode ocupar qualquer cargo desde que tenha competência pessoal ou adquirida na prática profissional em diferentes áreas. Ou seja, o impacto deste discurso na profissionalização no

---

1. Exemplifica bem essa situação a criação, em 1996, da função de professor-coordenador-pedagógico, pela Secretaria de Educação do Estado de São Paulo, que permitiu o acesso de qualquer professor ao cargo, mesmo sem formação específica na área de coordenação pedagógica.

campo do magistério renega a defesa de uma formação acadêmica específica na área pedagógica para os profissionais assumirem os cargos de especialistas de ensino. Finalmente, o terceiro motivo está relacionado aos embates acadêmicos sobre a formação do pedagogo. Houve uma distorção do princípio da docência ser a base de formação do pedagogo: a ideia inicial dos pesquisadores que defenderam este princípio era de que o diretor de escola, o orientador educacional ou o coordenador pedagógico deveria ser preparado a partir de uma formação docente. No entanto, esta ideia foi distorcida e alimentou os outros dois motivos anteriores, reforçando o discurso de que a experiência docente é suficiente para atuar como pedagogo.

A estes motivos acrescenta-se o fato de o curso de Pedagogia, ao longo deste mesmo período, passar a priorizar a formação de professores (em detrimento à formação dos especialistas de ensino), e, assim se explica a desvalorização do pedagogo escolar — profissional que pode contribuir com a melhoria da aprendizagem dos alunos na sala de aula.

Essa contribuição do pedagogo consubstancia-se, fundamentalmente, em torno do trabalho docente-discente — ao oferecer suporte pedagógico para que os professores garantam as aprendizagens dos alunos — numa atuação que media os processos de ensino-aprendizagem que ocorrem nas escolas. Para tanto, esse profissional deve ter uma formação qualificada no campo do conhecimento pedagógico.

Deste modo, ressignificar o papel da equipe diretiva das escolas na atualidade é duplamente justificado. Primeiro, para reposicionar a contribuição dos diretores, vice-diretores e coordenadores pedagógicos no atendimento às demandas atuais das escolas brasileiras e, ao mesmo tempo, para defender que todas estas funções ou cargos sejam ocupados por profissionais que tenham uma formação específica e especializada no campo pedagógico, para que de fato atendam à complexidade dessas demandas.

Esse reposicionamento do papel do pedagogo evidencia que os desafios ao seu exercício profissional são, no mínimo, proporcionais aos do professor que, juntos, incorporam e devem responder às demandas da escola na atualidade brasileira. No entanto, o enfrentamento desses desafios pelo pedagogo, em decorrência das funções que ocupa nas escolas, exige dele um preparo pedagógico aprofundado e especializado, diferente das exigências para o exercício da docência.

Para que o pedagogo escolar exerça todas as atividades previstas neste livro é inegável que ele deve ter amplo domínio dos conceitos, teorias, instrumentos e princípios pedagógicos que envolvem os processos educativos escolares, que extrapolam os saberes docentes. Por outro lado, se a centralidade da educação escolar gira em torno do ensino e da aprendizagem que ocorre em sala de aula, para que o pedagogo escolar tenha um amplo domínio no campo da docência, é desejável que ele tenha experiência anterior como professor. Porém, a defesa dessa exigência refuta veementemente a ideia de que somente a formação e a experiência docente autorizem qualquer professor a assumir as funções do pedagogo escolar.

A defesa da experiência docente para acesso aos cargos de pedagogo escolar[2] é também importante para garantir a legitimidade e o reconhecimento das posições que ele ocupa dentro das escolas, do trabalho que desenvolve junto aos professores. Legitimidade e reconhecimento estes que devem advir de uma trajetória profissional, ainda como professor, comprometida com a melhoria da qualidade do ensino, e do empenho em continuar estudando e aprofundando as questões escolares para efetivamente se habilitar a esses cargos. Ou seja, não basta ele ser "um dos pares" dos professores.

Os desafios da escola pública na atualidade e simultaneamente a complexidade dos processos educativos que nela ocorrem evidenciam que os professores sozinhos não conseguem enfrentar e encaminhar esses processos que via de regra extrapolam a sala de aula. Daí a necessidade de outros profissionais que, além de apoio ao trabalho desenvolvido pelo professor em sala de aula, articule-o aos demais processos educativos da escola. Esse profissional, para tanto, não pode

---

2. Em outro estudo (Pinto, 2002) defendo e desenvolvo a ideia de que o princípio da "docência como base de formação do pedagogo" deve ser aplicado somente para a formação do pedagogo escolar, uma vez que para a atuação em espaços não escolares a experiência docente não é necessária.

ser qualquer professor. Ele deve ser especializado no campo do conhecimento pedagógico. O professor para ser pedagogo tem que ter uma formação para além da que tem como docente. Trata-se de uma formação que ultrapassa o campo da docência, envolvendo e aprofundando outras áreas de conhecimento que, como professor, não se exige dele o domínio.

Por outro lado, essa formação específica não se reduz às características pessoais dos professores. Em muitos fóruns que discutem a formação dos gestores escolares, vários pesquisadores defendem a ideia de que "cargos de mando" não devem ser reserva de nenhum curso. Argumentam que o que os diretores e coordenadores têm de possuir, para além da formação docente, são os saberes relacionais. Ou seja, o mais importante é que eles saibam ouvir as pessoas, comunicar-se com clareza, liderar democraticamente o grupo etc. No meu entendimento, essas habilidades são necessárias como meio para que o pedagogo encaminhe os seus saberes pedagógicos diretamente voltados aos fins da escola. Como veremos, a Pedagogia constitui-se por um complexo campo de conhecimentos que envolvem, entre outros, os saberes da experiência pessoal. Daí ser fundamental o entendimento da subjetividade humana presente numa ciência prática que é movida pela ação de um agente. Entretanto, deve-se enfatizar que o conhecimento pedagógico é constituído fundamentalmente por teorias já sistematizadas e constituídas cientificamente. Desse modo, os cargos diretivos das escolas devem ser ocupados por profundos conhecedores dos temas relacionados à área da pedagogia escolar: organização sistêmica das escolas; teorias de currículo; políticas públicas na área de educação escolar; avaliação do processo de ensino e aprendizagem; as teorias de aprendizagem; as diferentes metodologias e técnicas de ensino; projeto político-pedagógico; planejamento de ensino e de aulas; avaliação institucional... E para dar embasamento a todos esses temas, o pedagogo deve ter um sólido repertório no campo das ciências da educação (História, Sociologia, Filosofia e Psicologia da Educação), nas quais sua formação deve se assentar.

Além de aprofundar e ampliar os estudos em todas essas áreas da educação escolar, os processos formativos do pedagogo precisam garantir seu preparo como pesquisador. Não necessariamente um pesquisador acadêmico, mas um pesquisador que saiba investigar a realidade da escola em que atua, saiba ler essa realidade para além do que o fenômeno aparenta.

Pedagogia Escolar: Coordenação Pedagógica e Gestão Educacional[3] analisa a complexidade epistemológica da pedagogia como ciência prática, identificando como pedagogia escolar os processos educativos que ocorrem nas instituições escolares. Recupera a tradição histórica do trabalho desenvolvido nas escolas brasileiras pelos pedagogos, enfatizando sua centralidade em torno da Coordenação Pedagógica. Problematiza a pulverização nas escolas da especificidade do trabalho pedagógico provocada pela disseminação acrítica da expressão Gestão Educacional.

Assim, o primeiro capítulo trata das relações entre a docência, as Ciências da Educação e a Pedagogia, como campos de estudos e de prática social que mesmo intimamente próximos guardam especificidades tanto na delimitação de suas investigações quanto na intervenção sobre a realidade educacional. Analisa a mudança paradigmática em torno do exercício da docência — em transcurso nas últimas décadas — que busca superar as abordagens prescritivas, e recupera os vínculos entre a educação e a sociedade a partir de uma perspectiva crítica. Analisa ainda as relações entre a Pedagogia e as Ciências da Educação: como historicamente aquela antecede a constituição destas, desenvolve inicialmente um movimento que busca compreender como ocorre a transição da Pedagogia às Ciências da Educação. Finalmente, recupera e defende a Pedagogia como campo de conhecimento específico da Educação, ampliando sua conceituação para além da racionalidade presente na ciência moderna.

O segundo capítulo delimita o campo de atuação profissional do pedagogo escolar a partir das áreas de atuação do pedagogo, que ex-

---

3. Este livro foi organizado a partir de pesquisa desenvolvida pelo autor para o curso de doutorado na Faculdade de Educação da Universidade de São Paulo, sob orientação da profa. dra. Selma Garrido Pimenta, no Grupo de Estudos e Pesquisas sobre a Formação do Educador (GEPEFE).

trapolam as instituições escolares. Recupera a tradição histórica do trabalho desenvolvido nas escolas brasileiras pelos pedagogos, analisando as críticas direcionadas aos especialistas de ensino a partir do final da década de 1970. Analisa a contribuição do pedagogo escolar frente às demandas da escola pública contemporânea e apresenta dados empíricos coletados com professores da educação básica sobre suas percepções acerca da atuação das equipes diretivas das escolas.

O terceiro capítulo apresenta as áreas de atuação do pedagogo escolar: a coordenação pedagógica e a direção escolar, desenvolvidas a partir da construção coletiva do projeto político-pedagógico das escolas. Destaca ainda a atuação dos pedagogos na implementação dos Programas de Desenvolvimento Profissional dos educadores das escolas, assim como na articulação das atividades escolares com a comunidade local.

Vale destacar que por tratar da atuação do pedagogo escolar nas escolas da educação básica de um modo geral, as propostas apresentadas neste livro devem ser consideradas e adequadas a partir das especificidades de cada segmento de ensino em que o pedagogo atuará, assim como ao contexto socioeconômico-cultural em que as escolas estão inseridas.

Este livro destina-se aos profissionais de ensino que atuam nas escolas ocupando as diferentes funções que dão apoio ao trabalho dos professores e dos alunos (diretores, vice-diretores, coordenadores pedagógicos, orientadores educacionais), em especial, aos estudantes dos Cursos de Pedagogia, aos alunos das demais Licenciaturas, e todos aqueles interessados na melhoria do ensino público brasileiro.

Capítulo 1

Docência, Ciências da Educação e Pedagogia

> No bucho do analfabeto
> Letras de macarrão
> Fazem poema concreto.
>
> *Chico Buarque*

Mudança de paradigma sobre a docência e a Pedagogia

A partir dos anos 1990, o crescente entendimento de que a docência ocorre em diferentes contextos, com condições específicas para a atuação do professor, vem exigindo dos processos formativos desses profissionais justamente a compreensão da especificidade desse trabalho. Isso altera a ideia predominante ao longo do século XX que insistia em prepará-los como técnicos responsáveis pela transmissão, aos alunos, de conteúdos estabelecidos previamente.

Assim, os estudos e propostas da formação de professores têm enfatizado e privilegiado a prática docente, colocando-a no centro dos processos de formação contínua desses profissionais. Um vasto campo epistemológico interpreta de diferentes maneiras essa valorização da prática: a epistemologia crítica, a epistemologia da práxis, a epistemologia da prática e a epistemologia crítico-reflexiva. Entretanto, a valorização das experiências práticas é importante desde que possibilite um salto para além da prática, buscando a construção de um saber pedagógico sistematicamente fundamentado (Ghedin, 2002). Assim, o trabalho de acompanhamento, assessoramento, coordenação e viabilização das atividades docentes e discentes no interior das escolas deve ser desenvolvido por profissionais com sólida formação pedagógica que supere as experiências cristalizadas pelo cotidiano escolar.

No paradigma anterior de formar professores, os pedagogos ocupavam diferentes posições, em instâncias superiores à sala de aula, que decidiam e controlavam o que os professores deveriam fazer. Com a perspectiva de rompimento dessa tradição, cabe, portanto, rever o papel do pedagogo escolar. Para tanto, o presente estudo trata inicialmente da questão epistemológica da *Pedagogia* — a especificidade do conhecimento pedagógico.

A compreensão do que é Pedagogia e seu estatuto de cientificidade é tema recorrente entre os pesquisadores brasileiros da área (Franco, 2003; Libâneo, 1999; Pimenta, 1998). Eles identificam *Pedagogia* como *a* Ciência da Educação, explicitando sua aproximação e seu distanciamento das Ciências da Educação. Uma análise inicial sobre as relações entre a Pedagogia e as Ciências da Educação indica o papel fundamental que estas últimas vêm assumindo na constituição de um conhecimento pedagógico brasileiro, nas últimas décadas, em decorrência da expansão e do incremento das pesquisas nos cursos de Pós-Graduação em Educação no Brasil.

Do mesmo modo, o crescimento das pesquisas sobre a formação de professores nas várias Ciências da Educação e na Pedagogia, nas últimas décadas, tem configurado a constituição de um novo campo epistemológico. O estudo do conhecimento produzido nessas ciências contribui diretamente com a investigação na área de formação dos profissionais de ensino. Essa incipiente área de estudo nutre-se organicamente dos saberes pedagógicos, e, tornar preciso o conhecimento pedagógico, o estatuto científico da Pedagogia e das Ciências da Educação, com suas inter-relações e peculiaridades, é desvelar os pressupostos teóricos das propostas de formação dos educadores.

Por outro lado, pressupõe-se que os saberes pedagógicos são mais amplos que aqueles voltados para a docência em sala de aula. Ou seja, o conhecimento pedagógico, embora esteja muito próximo do conhecimento docente, dele difere. Assim, identificar a especificidade de cada um é transitar pelos saberes da docência e pelos saberes pedagógicos, buscando os elos que os unem e ao mesmo tempo os diferenciam.

Educação e sociedade

A temática em torno da produção do conhecimento pedagógico e a formação dos profissionais do ensino está intimamente vinculada à compreensão de como se estabelecem as relações entre a educação e a sociedade. Conforme o entendimento do projeto de sociedade que se tem em vista e o papel da educação frente a ele, configuram-se diferentes perspectivas de atuação do profissional da área. Em última instância, podemos afirmar que o(s) projeto(s) de educação em curso em determinada sociedade materializa(m)-se na prática pedagógica de seus educadores.

A compreensão que o educador tem sobre como é produzido e reproduzido o conhecimento, sobre a concepção de ser humano e sobre a constituição da sociedade direcionará sua ação profissional nos limites institucionais, sociais e políticos onde atua. Daí a necessidade de explicitar os elos que vinculam a prática educativa no contexto social mais amplo em que esta está inserida.

O estabelecimento mais profícuo das relações entre a educação escolar e a sociedade é empreendido pela abordagem dialética, na qual a educação é entendida em sua unidade orgânica com a totalidade, num processo que conjuga as aspirações e necessidades do ser humano no contexto objetivo de sua situação histórico-social (Cury, 1986).

> [...] uma visão dialética do homem e de seu mundo histórico-social implica conceber os dois termos da contradição (indivíduo-sociedade) de modo a rejeitar tanto a concepção que unilateraliza a adaptação do indivíduo à realidade do *status quo*, como a que propõe a realidade como um dado estático. Mas, além disso, implica conceber a realidade social como efetivo espaço da luta de classes, no interior da qual se efetua a educação, rejeitando a impositividade da dominação, como o espontaneísmo das classes dominadas. (Cury, 1986, p. 13)

A compreensão desse movimento contraditório da educação em relação à sociedade que, ao mesmo tempo, a conserva e a transforma, é fundamental para o entendimento da atuação dos profissionais do ensino.

Seguindo essa mesma perspectiva de entendimento das relações entre a educação e a sociedade, Severino (2001) afirma que não podem ser desconsiderados alguns elementos fundamentais na apreensão, descrição e interpretação dos fenômenos educacionais submetidos a uma abordagem epistêmica dialética. Dentre outros elementos, ele destaca que

> [...] um conhecimento sobre a educação que se pretenda rigoroso e científico não pode deixar de levar em consideração as forças de opressão e de dominação que atuam na rede das relações sociais, que faz da sociedade humana uma sociedade política, hierarquizada e atravessada pelo poder da dominação. Todo conhecimento que tem a ver com a educação não pode deixar de enfrentar, de modo temático explícito, a questão do poder, elemento que marca incisivamente toda expressão concreta da existência humana. (p. 19)

A questão do poder que perpassa os processos educativos em uma sociedade de desiguais, do ponto de vista dos poderes econômico e político, é evidenciada no caráter práxico da educação levado em frente por diferentes protagonistas que representam os diferentes grupos sociais.

Severino (2001) diferencia o campo de conhecimento das Ciências Humanas (Psicologia, Antropologia etc.) do campo da Ciência da

Educação, justamente na praxidade de seu objeto, ou seja, "quando entramos no campo da ciência da educação, impõe-se agregar um outro elemento do olhar científico, que possa dar conta [...] do caráter eminentemente práxico da educação" (p. 17).

Deste modo, a especificidade da Ciência da Educação, como campo de conhecimento, é o fato de que seu objeto de estudo é também produzido na prática, pela prática e voltado para a prática.

Por que caráter práxico e não caráter prático da educação? Ao empregarmos a expressão *práxico*, estamos atribuindo potencialmente à educação a dimensão de uma atividade prática carregada de uma intenção (teoria) transformadora da realidade.

A referida expressão advém do conceito de práxis desenvolvido por Marx e Engels (1981). Em duas das suas teses sobre Feuerbach, eles afirmam:

> A questão de saber se ao pensamento humano pertence a verdade objetiva — não é uma questão da teoria, mas uma questão prática. É na práxis que o homem tem de comprovar a verdade, isto é, a realidade e o poder, o caráter terreno, do seu pensamento [...]. A doutrina materialista da transformação da circunstância e da educação esquece que as circunstâncias têm de ser transformadas pelos homens e que o próprio educador tem de ser educado [...]. A coincidência da mudança das circunstâncias e da atividade humana ou autotransformação só pode ser tomada e racionalmente entendida como práxis revolucionária. (p. 103-104)

Assim, o conceito de práxis está intimamente vinculado à prática, uma vez que esta é a referência para a transformação da realidade, mas não uma prática qualquer, e sim uma prática carregada de intencionalidade, como expressão do caráter terreno do pensamento.

Para Marx, não basta conhecer e interpretar o mundo de diferentes maneiras, o que importa é transformá-lo.

Em *Filosofia da práxis*, Vasquez (1968) afirma que:

> [...] a relação teoria e práxis é para Marx teórica e prática; prática, na medida em que a teoria, como guia da ação, molda a atividade do ho-

mem, particularmente a atividade revolucionária; teórica, na medida em que essa relação é consciente. (p. 117)

Ele diferencia práxis de atividade, argumentando que "toda práxis é atividade, mas nem toda atividade é práxis" (Vasquez, 1968, p. 185).

Reside aí o caráter práxico da educação identificado por Severino. Ou seja, a educação como atividade humana intencional não é uma atividade qualquer, mas sim uma atividade prática saturada de teoria. Diferentemente de outras atividades humanas orientadas por uma referência teórica de senso comum, e aí podemos falar de práticas educativas informais (não intencionais), a educação (intencional) tem uma referência teórica de cunho investigativo-filosófico (ciência-ética). Entretanto, embora a educação escolar seja potencialmente uma atividade práxica, nem sempre se manifesta dessa forma. Os professores, muitas vezes, desenvolvem uma prática docente referenciada exclusivamente nos saberes da experiência adquiridos ao longo do exercício profissional e a prática educativa, reduzida aos saberes da experiência, tende a cristalizá-la, tornando-a "habitual". Conforme Monteiro (2002, p. 118):

> Tenho apostado na compreensão de que nossas ações docentes tendem a tornar-se habituais; os hábitos dão sustentação às nossas ações; a (re)visão de nossas ações permite a transformação delas. Lembrando que chamo de (re)visão a operação teórica, reflexiva sobre as ações efetuadas ou a serem efetuadas: é o estabelecimento de uma nova prática (que tenderá a um novo hábito) por um novo olhar sobre ela. E todas as vezes que as experiências cristalizam-se em hábitos, essa (re)visão se faz necessária, pois tem no horizonte as peculiaridades de novas circunstâncias.

A revisão necessária à prática docente passaria pela articulação entre esses saberes da experiência com os saberes do conhecimento específico de cada área e mais os saberes pedagógicos (Pimenta, 1999). Os saberes da experiência se direcionariam à complexidade da prática educativa, operando

[...] uma mudança da epistemologia da prática para a epistemologia da práxis, pois a práxis é um movimento operacionalizado simultaneamente pela ação e reflexão, isto é, a práxis é uma ação final que traz, no seu interior, a inseparabilidade entre teoria e prática. (Ghedin, 2002, p. 133)

Os saberes da experiência nesse movimento simultâneo entre ação e reflexão são carregados de intencionalidades. O educador tem clareza da intenção imprimida desde uma simples atividade em sala de aula — que compõe uma sequência didática desenvolvida com os alunos —, até os fins mais amplos da sua prática profissional. Essa intencionalidade presente em todas as ações do educador vai além da intenção imediata contida em uma atividade. Ela não se esgota na atividade em si, mas expressa e projeta a partir dela um conjunto de valores e crenças que norteiam a prática do educador. Desse modo:

O que fazemos não se explica pelo como fazemos; possui sentido diante dos significados que lhe são atribuídos. Estes significados não são latentes mas emanam, de fato, dos sentidos que construímos. O fazer prático só tem sentido em face do horizonte de significações que podemos conferir ao nosso por que fazer. [...] O horizonte dos significados possibilita-nos um descortinar dos sentidos de nossa prática em relação às outras práticas sociais. (Ghedin, 2002, p. 141)

Assim entendida, a prática educativa articulada com outras práticas sociais amplia ainda mais a sua intencionalidade, à medida que imprime em si novos significados que não se constituiriam em seus próprios limites de ação.

A compreensão da prática educativa nessa perspectiva da epistemologia da práxis está intimamente vinculada com o entendimento de que

[...] conhecer implica, por conta do próprio processo, uma ação política calcada no compromisso ético-político para com a sociedade. O conhecimento é essencialmente o processo de uma atividade política que deve conduzir o sujeito que o produz a um compromisso de transformação radical da sociedade, e se ele tem algo a dizer é justamente isto: conduzir-nos a uma ação comprometida eticamente com as classes excluídas para que possam lançar mão deste referencial como exigência de mudança, emancipação e cidadania. (Ghedin, 2002, p. 144)

Esse sentido impregnado no conhecimento é o compromisso que os profissionais do ensino podem assumir, pelo menos, sob dois aspectos. O primeiro diz respeito ao conhecimento na perspectiva dos saberes da docência que são produzidos na prática educativa, o conhecimento responsável pela formação do educador, que o compromete com a transformação social. O segundo aspecto está relacionado ao conhecimento como objeto de trabalho do educador. Entendendo o professor como mediador no processo de formação humana, sua mediação na aprendizagem dos alunos ocorre na relação que estes estabelecem com o conhecimento. O conhecimento é o elemento constituinte da relação pedagógica entre o professor e o aluno e a maneira como o educador o concebe pode ser assimilada pelo aluno. Desse modo, o conhecimento que o aluno assimila/produz no processo educativo escolar também pode instrumentalizá-lo para atuar na perspectiva da transformação social.

Com todo esse comprometimento político, não é sem motivo que o conhecimento é tema recorrente na área de ensino: ao discutirmos os processos de nossa formação profissional, ao refletirmos sobre o cotidiano da sala de aula, ao produzirmos pesquisa da área... Somos os trabalhadores do conhecimento. Ele é nosso instrumento e objeto de trabalho junto aos alunos.

Professores, diretores de escola, vice-diretores, supervisores de ensino, coordenadores pedagógicos, professor coordenador — todos os profissionais do ensino — estão envolvidos com o conhecimento e com a praxidade da educação.

DA PEDAGOGIA ÀS CIÊNCIAS DA EDUCAÇÃO

Com a intensa retomada, a partir dos anos 1990, do contato com a literatura estrangeira na área educacional, temos convivido frequentemente com a expressão Ciências da Educação ao referir-se à Pedagogia. Como em alguns países europeus não existe o curso de Pedagogia, mas sim cursos de Ciências da Educação, daí a regularidade do seu uso na produção teórica da área. Considerando seu emprego inadequado ao ser usado para substituir o termo Pedagogia, concorda-se aqui com Estrela (1992, p. 16) ao afirmar que uma das tarefas principais "que se impõe à pedagogia é a sua ruptura epistemológica com as chamadas Ciências da Educação".

Conforme Dias de Carvalho (1996), a Pedagogia sofre todo um processo de evolução que a conduz à afirmação das Ciências da Educação. Franco (2003) situa no contexto histórico do início do século XX o momento de transição da "pedagogia enquanto a ciência da educação, para ser uma das ciências da educação" (p. 37).

Assim, a implantação dos cursos de Ciências da Educação em alguns países europeus (França[4], Espanha, Portugal) é decorrência da mudança na perspectiva epistemológica de abordar as questões educacionais que transitou da Pedagogia às Ciências da Educação.

No que tange aos objetivos deste estudo, o importante é o entendimento dessa mudança epistemológica no tratamento da educação como objeto de investigação, mesmo porque a constituição dos referidos cursos em diferentes países ocorre em contextos conjunturais específicos.

Mialaret (1980) defende a ideia de que a constituição das Ciências da Educação é resultado da ampliação do entendimento do que é a própria educação. Como decorrência da complexidade das situações e dos fenômenos que pertencem ao domínio da educação, o autor argumenta sobre "a necessidade de fazer apelo a um grande número de disciplinas científicas, para tentar discernir os fatores que entram em jogo, e as relações ou as leis que regem o conjunto do sistema" (p. 39).

Nesse sentido, a Pedagogia teria sido suficiente para estudar a educação quando esta era pouco "cientificizada", mas, à medida que

---

4. A introdução oficial dos cursos de Ciências da Educação nas universidades francesas ocorreu em 1967, conforme Mialaret (1980).

ela vai sendo estudada sob diferentes aportes teóricos, extrapola a Pedagogia e caminha em direção às Ciências da Educação.

Entretanto, o fato de o fenômeno educativo ser interpretado cada vez de forma mais abrangente, pelo avanço científico em diferentes áreas (Psicologia, Sociologia, Antropologia...), não inviabiliza a Pedagogia como Ciência da Educação. Pelo contrário, apenas reforça a necessidade de ela se firmar como *a* Ciência da Educação para garantir a unidade *da* compreensão do fenômeno educativo e *na* intervenção da prática educativa.

Cada uma das ciências (da Educação) parte do seu objeto de investigação específico, chega ao fenômeno educacional, interpreta-o e retorna ao seu objeto de origem. A Pedagogia, ao tomar a educação como objeto específico de estudo, de modo diferente, parte do fenômeno educativo, busca nas diversas ciências os elementos teóricos que possibilitem o alargamento de sua compreensão e retorna ao próprio fenômeno educativo.

Por outro lado, não é suficiente admitir o surgimento das Ciências da Educação como decorrência da ampliação de diferentes focos sobre a educação. Mais do que isso, a expansão dessas ciências pode ser também identificada no próprio processo de desenvolvimento das ciências humanas que, ao adquirirem autonomia e estatuto de cientificidade ao longo do século XIX, encontraram na educação um solo fértil para a experimentação de suas teorias. Ou seja, podemos citar como exemplo o próprio crescimento da Psicologia como ciência, que favorecerá seu seccionamento em Psicologia da Educação.

Segundo Franco (2003), diversas experiências educacionais inovadoras foram alimentadas a partir do início do século passado, com conhecimentos produzidos em outras ciências, "mesclando os saberes pedagógicos com as descobertas [...] especialmente da psicologia, da sociologia, da psicanálise" (p. 37).

Entretanto, ao seguirem a lógica científica do positivismo, cada uma das Ciências da Educação vai se atomizando em relação ao estudo das questões educacionais, em vez de se organizarem em conjunto para a investigação do fenômeno educativo, de modo que cada uma fosse buscar no campo de origem sua contribuição. Ao contrário, cada uma partiu de seu objeto de investigação original e se aproximou das questões educacionais de diferentes formas, com diferentes enfoques metodológicos, em diversos espaços e tempos históricos e, principalmente, com múltiplas intenções em abordá-las. Nesse aspecto, Dias de Carvalho (1996) argumenta que "os precursores das ciências da educação, ao limitarem-se a fazer delas segregações das ciências humanas consagradas, sem propriamente delinearem uma nova área de cientificidade no que concerne a objetos e métodos [...], acabaram por desencadear a erupção de múltiplos desajustamentos entre perspectivas de abordagem" (p. 83).

Quanto à Pedagogia, por sua reconhecida vinculação com a prática, precisou lutar por um espaço entre as disciplinas científicas da universidade em alguns países (Schmied-Kowarzik, 1988) e, em outros lugares, "desaparece em proveito de um modelo dedutivo que deseja reduzir o fazer ao dizer, o saber-fazer ao saber científico" (Houssaye, 2004, p. 18).

Pimenta (1998), em ensaio que questiona *Ciências da Educação ou Ciência da Educação?*, revisa vários pesquisadores portugueses que tratam da problemática. Ela destaca a contribuição de Dias de Carvalho que ressalta o caráter descritivo-explicativo peculiar das ciências da educação como extensão das ciências humanas e sociais. A esse respeito Pimenta (1998, p. 48-49) argumenta que:

> [...] o real educativo não é suficientemente apreendido pela descrição-explicação mesmo que se adicione o caráter interpretativo [...], ainda assim não se está dando conta de um campo/método específico que capte a dimensão prática da educação.

Antonio Nóvoa (1998), pesquisador português, ao analisar o papel das Ciências da Educação na Sociedade Portuguesa de Ciências da Educação, localiza a identidade delas no somatório da construção de cada uma das identidades das diferentes ciências (da educação) associadas à ação profissional:

> [...] a identidade das Ciências da Educação constrói-se, assim, por transbordo e transgressão das disciplinas de origem, repensadas conceptual-

mente com base na investigação de novas temáticas e objetos de estudo. Mas a identidade das Ciências da Educação constrói-se também [...] por adesão a uma comunidade científica de referência, no seio da qual se produzem os "critérios de sentido" da ação profissional e científica. (p. 84)

Ao longo do ensaio, Nóvoa não diferencia Pedagogia das Ciências da Educação, o que lhe permite utilizar ambos os vocábulos com o mesmo significado. No Brasil, de modo diferente, temos mantido o uso de Pedagogia, inclusive pela tradição firmada com a existência dos cursos de Pedagogia há 70 anos.

Pinto (2002) defende a clara identidade do curso de Pedagogia entre nós, tendo como característica própria "o estudo da educação, particularmente na modalidade escolar, em suas múltiplas determinações [...], é o único curso que traz em seu currículo a Psicologia da Educação, a História da Educação, a Filosofia da Educação, a Sociologia da Educação. Que outro curso superior no país tem estudado o fenômeno educativo sob tantos e diferentes enfoques?" (p. 179-180). Além disso, o curso de Pedagogia tem como característica exclusiva o estudo do "processo educativo em suas dimensões metodológicas, através das diversas disciplinas que gravitam em torno da Didática" (p. 180).

Em decorrência do incremento e progressiva expansão dos cursos de Pós-Graduação em Educação no país, nas três últimas décadas e, em especial, a partir da Lei de Diretrizes e Bases da Educação Nacional (LDBEN) de 1996, temos formado um número cada vez maior de pesquisadores na área das Ciências da Educação. Esses pesquisadores são profissionais que têm atuado em diferentes instituições de práticas educativas nas modalidades formais e não formais, nas áreas de ensino, docência e pesquisa educacional. Nas universidades, convivemos nas faculdades de Educação com professores-pesquisadores provenientes da área de História, Psicologia, Sociologia, Filosofia, Política, Economia etc. Entendo que todos esses profissionais devem ser reconhecidos como cientistas da Educação, mas para isso é necessário que seus estudos e pesquisas tenham a educação como campo e objeto. E suponho que eles não queiram, para tanto, abandonar sua formação e identidade inicial como historiador, psicólogo, sociólogo, filósofo... Situação diferente é a dos pedagogos, aqueles cuja formação inicial foi no curso de Pedagogia.

A dimensão semântica

A primeira ideia a que a expressão Ciências da Educação nos remete é a da existência de várias ciências de educação (pluralidade). Assim, a Psicologia seria uma Ciência da Educação, assim como a Sociologia seria uma outra Ciência da Educação etc. Entretanto, essa inferência não procede, pois sabemos que o objeto de estudo da Psicologia são os fenômenos de ordem psicológica que enfatizam a subjetividade humana, assim como o objeto de estudo da Sociologia se define pela forma como pesquisa, analisa e interpreta os fenômenos sociais (Costa, 1997). Ou seja, o campo de estudo da Psicologia, assim como o da Sociologia são outros, mas não a educação.

A segunda ideia, que poderia proceder, justificar-se-ia pelo fato de uma das áreas de investigação da Psicologia, da Sociologia etc. ser a educação. Entretanto, o que lhes confere o estatuto de cientificidade é o seu objeto maior de investigação (os fenômenos psicológicos ou sociais como um todo) e não uma particularidade desse objeto (o fenômeno educativo).

De qualquer modo, essas ciências, ao interpretarem o fenômeno educativo a partir de seus objetivos específicos de estudo, contribuem fundamentalmente para a compreensão da realidade educacional, porém,

> A "psicologia da educação", a "sociologia da educação", a "história da educação" etc. [...] não são mais aqui "ciências da educação": elas constituem-se antes como vertentes científicas estritas da ciência da educação em si mesma, pois os estudos por elas empreendidos contribuem diretamente para a construção desta ciência [...]. Nestas circunstâncias, não haverá até "ciências da educação". Poderemos, isso sim, falar de ciências

auxiliares da ciência da educação e que serão as ciências sociais e humanas em geral enquanto elucidam questões que a esta se colocam ou que externamente a atingem. (Dias de Carvalho, 1996, p. 105-106)

Se falarmos em ciências auxiliares da Educação, cabe recolocar a Pedagogia como a Ciência da Educação que, alimentada por essas diferentes ciências, compreende o fenômeno educacional em sua totalidade.

Como sabemos, a realidade é maior que o esforço humano em apreendê-la. Assim, partir de cada uma das várias ciências que analisam a educação para atingir a totalidade do fenômeno educativo é ficar preso à lógica da ciência moderna positivista e aos limites da racionalidade técnica. Por mais que juntemos as partes, não conseguiremos atingir a compreensão do todo. Pode-se aumentar o número das partes, acrescentando outros campos da investigação dessas ciências ou mesmo de outras áreas de conhecimento (antropologia, epistemologia, neurologia, linguística etc.) e, mesmo assim, não garantiremos a compreensão da realidade educacional em sua totalidade: "os resultados obtidos pelas ciências humanas em geral, e que interessam à educação, correm o risco de não a servirem cabalmente se não houver uma ciência que os selecione, os reagrupe e os sintetize [...]" (Dias de Carvalho, 1996, p. 102).

A Pedagogia — como Ciência da Educação — é que tem possibilidade maior de desenvolver esse movimento. Ela parte do fenômeno educativo como um todo e, com a contribuição da produção teórica das diferentes ciências, vai elaborando as sínteses possíveis para a apreensão do real.

Ciências ou Ciência da Educação?

No que se refere à Pedagogia, a denominação Ciências da Educação sugere duas possibilidades. A primeira refere-se ao entendimento de a Pedagogia ser a soma das diferentes ciências que tratam da educação e, sendo assim, a expressão Ciências da Educação pode ser tomada como sinônimo de Pedagogia. A outra possibilidade é considerá-la como uma ciência autônoma que, junto às demais ciências, compõe as Ciências da Educação. Nesse caso, a Pedagogia fica equiparada e no mesmo patamar das outras ciências humanas que investigam as questões educacionais e é identificada como uma ciência instrumental-prescritiva que se reduz ao estudo de como ocorre o processo de ensino-aprendizagem.

Dias de Carvalho (1996, p. 98) cita Quintana Cabanas ao afirmar que:

> [...] sem ser a ciência da educação, a pedagogia é uma das ciências da educação. Ciência prática e normativa, preocupa-se com a ação de educar, com o ato educativo, enquanto que as outras disciplinas, sendo teórico-descritivas, têm como objeto de estudo o fato educacional construído pelos próprios fenômenos educacionais, abstendo-se sempre de qualquer intervenção reguladora.

A Pedagogia não pode ser vista como uma das ciências da educação já que ela é *a* Ciência da Educação. E somente a Pedagogia pode ser *a* Ciência da Educação, pois seu objeto exclusivo de investigação é **a educação**. Afirmar que a Pedagogia compõe o conjunto das Ciências da Educação, ou seja, que é uma outra ciência (ou campo de estudo) das Ciências da Educação, é igualar o que é desigual. Assim como subtrair da Pedagogia a produção científica da História, da Psicologia, da Sociologia etc., é fragilizá-la como Ciência da Educação.

A fecundidade e peculiaridade de compreender a Pedagogia como ciência encontra-se justamente no fato de ser um campo de estudo intrinsecamente multidisciplinar porque seu objeto de estudo — a Educação — assim o é. Aceitá-la como uma das Ciências da Educação é conformar-se em justapô-la com as demais ciências para a apreensão da realidade educacional. É rejeitar uma abordagem metodológica que nos remete a uma perspectiva dialética e permanecer no âmbito da epistemologia positivista.

Schmied-Kowarzik (1988) argumenta que a Ciência da Educação tem assumido questões e posicionamentos teóricos e científicos do plano das ciências próximas (da educação), aplicando-os a problemas pedagógicos, em vez de continuar a desenvolver a tradição teórica original (da Pedagogia), confrontando-a com questões e exigências novas. Segundo o autor, a Pedagogia que se constitui como uma das ciências práticas mais ricas por sua tradição, deixa de contribuir com a análise teórica de uma prática transformadora para paradoxalmente balizar-se na discussão teórica e científica das Ciências Sociais em torno de métodos de pesquisa que possibilitem a orientação de uma prática crítica.

Sacristán (1999, p. 97), ao analisar a nutrição do conhecimento sobre a educação a partir de outras áreas de conhecimento, diz que:

> Certamente, em teoria e conhecimento do "educativo" faz-se alusão a uma série de componentes variados, que, em algumas ocasiões, parecem integrados e amalgamados em uma espécie de simbiose ordenada transdisciplinar. Em outros casos, trata-se de empréstimos conjunturais, que dão esse caráter dispersivo e desestruturado que é percebido na pedagogia, e que durante muito tempo foi reconhecido como "Ciências da Educação", no plural.

Para corrigir essa dispersão e desestruturação, as Ciências da Educação devem se converter *na* Ciência da Educação, no singular, e para tanto devem ser significadas nas práticas educativas. Enquanto não se opera esse movimento, elas permanecem como ciências autônomas da educação. É a partir de suas significações na prática educativa que elas se transformam em conhecimento pedagógico, desprendendo-se de seu objeto original de estudo e diluindo-se na Pedagogia. Portanto, não cabe falarmos em Pedagogia como ciência integradora das demais Ciências da Educação. A Pedagogia como ciência *da* e *para* a prática educativa extrapola a interdisciplinaridade para constituir-se numa perspectiva transdisciplinar.

Franco (2003) desenvolveu uma pormenorizada pesquisa entre as obras da época em que o curso de Pedagogia foi implantado no Brasil, em 1939, com o intuito de verificar como os educadores brasileiros conviviam com a questão da Pedagogia ser ou não ciência. A pesquisadora identificou, já nesse período, vários autores se referindo à Pedagogia como Ciência da Educação. Do mesmo modo, estudos mais recentes desenvolvidos entre nós reafirmam e posicionam a Pedagogia como Ciência da Educação (Franco, 2003; Libâneo, 1999; Mazzotti, 1998; Pimenta, 1998). Assim, constatamos que esses pesquisadores brasileiros continuam atribuindo à Pedagogia a responsabilidade pelos estudos referentes ao campo educacional em sua totalidade, refutando sua substituição por Ciências da Educação.

Contudo, não desconsideramos a procedência da expressão Ciências da Educação para identificar o conjunto das diferentes ciências ou áreas de conhecimento que se debruçam efetivamente no estudo das questões educacionais, a partir de seus objetos específicos de investigação. Como procuramos demonstrar, o questionamento dirige-se ao uso de Ciências da Educação para substituir o emprego do vocábulo Pedagogia, utilizando-os praticamente como sinônimos.

A Pedagogia difere das Ciências da Educação porque é uma ciência que orienta e é produzida na prática do educador, consubstancia-se na sua ação, no seu *fazer*. Nesse sentido, cabem as perguntas: *Como o educador age? Por que age assim? Em que se fundamenta seu fazer?* Considerando como ponto pacífico o princípio de que a Pedagogia não se reduz ao fazer educativo, é necessário entretanto destacar que, do mesmo modo, ela não se restringe à descrição, explicação e interpretação do real educativo, pois isso, com já vimos, é a imprescindível contribuição das Ciências da Educação. Assim sendo, identifico a especificidade da Pedagogia, como Ciência da Educação, no movimento contínuo entre a intenção clara do *para que fazer* e do *como fazer*.

A contribuição das Ciências da Educação para a Pedagogia

Como já foi mencionado anteriormente, discordar do emprego da expressão Ciências da Educação para substituir o uso do termo Pedagogia não implica em desconsiderar a legitimidade dessas ciências na área educacional. Sendo assim, é fundamental destacar a propriedade das Ciências da Educação como campo de investigação que viabiliza a constituição do conhecimento pedagógico.

Identificamos por Ciências da Educação o conjunto dos conhecimentos produzidos pela Psicologia, pela Sociologia, pela História e pela Filosofia — consideradas as quatro áreas já clássicas no tratamento das questões educacionais —, acrescidas da contribuição de outras áreas que, embora ainda não tenham constituído em seu interior estudos específicos em educação, mesmo assim vêm permitindo à Pedagogia o alargamento na compreensão dos fenômenos educativos. É o caso, em especial nos últimos tempos, da Neurologia, da Genética e da Antropologia.

No Brasil, as Ciências da Educação vêm cumprindo nos últimos tempos um papel decisivo nos estudos da área educacional que, desenvolvidos progressivamente nas últimas décadas, decorrem do incremento dos programas da Pós-Graduação em Educação. Ou seja, o aumento substantivo das pesquisas sobre a educação escolar brasileira justifica-se na expansão dos cursos de mestrado e doutorado da área (Gatti, 2002). Nesses cursos, há uma grande diversificação das linhas de pesquisas oferecidas nas diferentes universidades e, de modo variado, as Ciências (clássicas) da Educação têm sido contempladas com linhas de pesquisa específicas em Sociologia da Educação, História da Educação, Filosofia da Educação e Psicologia da Educação em diferentes programas de Pós-Graduação. Desse modo, a produção do conhecimento em Psicologia, Filosofia, História e Sociologia da *educação brasileira* tem sido valiosa, pois o que tínhamos até bem pouco tempo era predominantemente uma teoria educacional importada da Europa e dos Estados Unidos da América.

Testemunha a consolidação da produção teórica das diferentes Ciências da Educação no Brasil a constituição de grupos de trabalho em Filosofia da Educação, História da Educação, Sociologia da Educação e Psicologia da Educação na Associação Nacional de Pesquisa e Pós-Graduação em Educação (ANPEd). Segundo Gatti (2002, p. 20):

[...] esta associação teve, a partir do final da década de 70, papel marcado na integração e intercâmbio de pesquisadores e na disseminação da pesquisa educacional e questões a ela ligadas. Contando com mais de 20 grupos de trabalho, que se concentram em temas específicos dos estudos de questões educacionais, a ANPEd sinaliza bem a expansão da pesquisa educacional [...].

DAS CIÊNCIAS DA EDUCAÇÃO À PEDAGOGIA

Se a Pedagogia não é o somatório das diferentes ciências que enfocam a educação a partir de seus objetos específicos de estudo nem é uma a mais dentre essas Ciências da Educação, o que lhe confere especificidade como **a** Ciência da Educação?

A Pedagogia

No sentido etimológico, a palavra *pedagogia* tem origem grega e era utilizada para identificar, na Antiguidade, "aquele que conduzia a criança à escola". A palavra expressava, em sua gênese conceitual, duas características importantes que de certo modo perduram até nossos dias. Uma primeira característica refere-se ao fato de a expressão estar associada à ideia educacional — levar a criança à escola — de condução, de meio de ensino. A outra característica reporta-se à configuração da relação educativa em uma sociedade de desiguais, pois, na sociedade grega, aquele que conduzia a criança à escola era o escravo e a criança conduzida era o menino, filho do cidadão grego. Como sabemos, uma pequena minoria.

Ao longo da trajetória histórica nas sociedades ocidentais, a palavra *pedagogia* tem seu sentido ampliado, referindo-se, na atualidade, de acordo com o Dicionário Aurélio Buarque de Hollanda (Ferreira, 1975, p. 1053), à "teoria e ciência da educação e do ensino", ao "conjunto de doutrinas, princípios e métodos de educação e instrução que tendem a um objetivo prático", ou ainda ao "estudo dos ideais de educação, segundo uma determinada concepção de vida, e dos meios (processos e técnicas) mais eficientes para efetivar estes ideais".

No que se refere ao tratamento científico da Pedagogia, o marco precursor é a constituição da didática como teoria de ensino. No século XVI, Ratke e Comenius, na busca de imprimirem um caráter científico à prática pedagógica, criaram formas diferentes de organização das atividades em sala de aula. A partir daí, alguns autores "consideram que a pedagogia científica surgirá como apêndice a essa didática, que abrangia apenas a instrução, mas que a pedagogia como ciência deveria abarcar toda a educação" (Franco, 2003, p. 27). Entretanto, quem referendou à Pedagogia sua qualificação de Ciência da Educação foi Herbart, no final do século XVIII, ao publicar a primeira obra científica da Pedagogia.

Franco (2003) destaca que apesar do empenho em imprimir um caráter científico à Pedagogia, Herbart valoriza muito a questão da arte pedagógica que "comporta um saber-fazer que é artístico, artesanal, que é próprio da criação, do espontaneísmo (a prática educativa)" (p. 27).

Essa dimensão artística da Pedagogia, segundo Franco (2003), aparece com muita frequência nos livros clássicos dessa área que a percebem claramente para além da ciência: "Assim, muitas vezes a pedagogia é conceituada como a ciência e a arte da educação, ou mesmo a ciência da arte educativa" (p. 19).

A autora acredita que a problemática que ainda hoje é enfrentada ao refletir sobre a identidade da Pedagogia está entrelaçada com essa triplicidade conceitual que carrega as indefinições do seu campo de conhecimento, desde a origem do termo até a estruturação de seu campo científico:

> Não me refiro à questão de oposição entre científico e artístico, mas ao fato de que essas ações, o ser ciência e o ser arte, sofreram alterações de sentido, em seu processo de transformação histórica, configurando um

problema crucial à pedagogia em todas as épocas, e ainda não equacionado, qual seja: a questão da articulação da teoria com a prática, a questão da ciência da prática que não será a tecnologia, a questão de encontrar o espaço da pedagogia na intersecção dessas contradições. (Franco, 2003, p. 20)

Mais à frente, discutiremos um possível equacionamento dessa problemática. De momento, é importante entendermos historicamente — como sugere a autora — o significado do termo *arte*, que aparece ali, ao se referir à Pedagogia. Atualmente, o termo é utilizado no dia a dia para reportar-se à "atividade que supõe a criação de sensações ou de estados de espírito, em geral de caráter estético" (Ferreira, 1975, p. 141). Naquelas conceituações de Pedagogia, a ideia é destacar sua dimensão prática do saber-fazer docente, da espontaneidade, da experiência empírica, do saber-fazer intuitivo. Como veremos depois, dimensões constituintes do conhecimento pedagógico.

A essas conceituações, devemos acrescentar a dimensão transformadora da Pedagogia sobre a realidade social, pois, ao criticar os modelos educacionais vigentes, ela aponta para um futuro com mudanças já desencadeadas na prática educativa que ocorre aqui e agora. Assim, a Pedagogia — cujo objeto de investigação é a Educação — está relacionada a um campo de conhecimento voltado para uma prática compromissada com a transformação da realidade social.

No Brasil, felizmente, somos muitos, e já foram muitos outros, os educadores compromissados em articular a prática educativa com a transformação da sociedade. Com o objetivo de analisar a especificidade epistemológica do conhecimento pedagógico, recorreremos a três pesquisadores que veem empreendendo essa investigação em seus estudos. A seguir, será brevemente apresentado como conceituam *pedagogia*, com o objetivo de identificar a gênese conceitual de suas formulações para um aprofundamento posterior.

Pimenta (1998, 2002) identifica a Pedagogia como *teoria* — uma teoria da Educação — a partir do entendimento de que teoria é a constituição de um pensamento refletido sobre uma atividade que se volta para a prática. Ela considera que a educação, como prática social, requer de uma ciência prática que parta da prática e a ela se dirija, tendo na problemática educativa e na sua superação o ponto central de referência da sua investigação.

> Diferentemente das demais ciências da educação, a pedagogia é ciência da prática. Aí está a sua especificidade. Ela não se constrói como discurso sobre a educação. Mas a partir da prática dos educadores tomada como a referência para a construção de saberes — no confronto com os saberes teóricos. (Pimenta, 2000, p. 47)

Para Libâneo (1999), além de a Pedagogia ocupar-se dos processos educativos, dos métodos e das maneiras de ensinar, ela contempla um significado mais amplo, pois trata da problemática educativa na sua totalidade e historicidade e, ao mesmo tempo, é responsável pela diretriz orientadora da ação educativa. É um campo de conhecimento que se ocupa do ato educativo, da prática concreta que se realiza na sociedade. O pesquisador defende, assim, uma teoria pedagógica que proceda com a análise crítica da educação no capitalismo, com ações pedagógicas possíveis de se contraporem à exploração, dominação ideológica e material vigentes (Libâneo, 2000). Para tanto, ela deve ser capaz de orientar a prática docente e como "teoria para esclarecimento racional da prática educativa a partir de investigação dessa mesma prática em situações concretas, realiza-se como ciência da e para a educação" (1999, p. 115).

Franco (2003) parte do princípio de que a Pedagogia como Ciência da Educação tem como objeto de estudo a práxis educativa. Para isso, ela deve organizar-se em torno da reflexão engajada, devendo se constituir como ciência crítica e reflexiva, mergulhada no universo da prática educativa. À teoria pedagógica cabe "oferecer as condições para que o educador, em processo de prática educativa, saiba perceber os condicionantes de sua situação, refletir criticamente sobre eles, saber agir com autonomia e ética" (p. 90). Desse modo, o papel da Pedagogia não pode ser apenas pensar e teorizar as questões educativas, mas deve também organizar ações estruturais "que produzam novas condições de exercício pedagógico, compatíveis com a expectativa da emancipação da sociedade" (p. 72).

Podemos constatar que as três conceituações apresentadas reportam-se à Pedagogia como ciência prática da e para a Educação, princípio desenvolvido na obra *Pedagogia Dialética*, de W. Schmied--Kowarzik (1988).

A seguir, aprofundaremos o estudo desse autor que identifica na Pedagogia um instrumento de transformação da realidade social. Como a obra é um clássico na área de Educação com filiação teórica marxista, segue a tradição do marxismo ao enfatizar mais as dimensões social, econômica e política da educação. A intenção é articulá-la, posteriormente, com as contribuições de J. Gimeno Sacristán para destacar a subjetividade do educador como responsável, em última instância, de efetivar a transformação do real educativo.

Ciência prática da e para a educação

Schmied-Kowarzik (1988) entende a Pedagogia como ciência prática, argumentando que a relação entre teoria e prática manifesta-se em todos os seus campos e dá destaque a três campos específicos. Primeiro, na "prática da educação" que se expressa na elaboração teórica das experiências práticas que orientam os procedimentos subsequentes adotados pelo educador. O segundo campo é a "pesquisa da ciência da educação" que impõe desafios ao pesquisador que pretende elucidar a práxis que possa orientar a prática dos agentes. O terceiro campo que o autor destaca refere-se à "formação de professores", no encadeamento da prática e da pesquisa descritas anteriormente, como compreensão teórica da prática e condução prática à práxis por meio da teoria. Em qualquer um desses campos, a relação entre teoria e prática é de conflito justamente pelo fato de constituírem o que é específico da Pedagogia.

Num primeiro momento, a relação parece simples: "a prática seria justamente a educação em todos os seus relacionamentos práticos, e a teoria seria a ciência da educação em suas figuras teóricas"

(Schmied-Kowarzik, 1988, p. 10). Assim, a relação entre a teoria e a prática poderia ser descrita da seguinte forma:

> [...] a teoria investigaria a prática, sobre a qual retroagiria mediante os seus conhecimentos adquiridos. A prática configuraria de início o ponto de partida do conhecimento, a base da teoria, graças à qual se tornaria, contudo, uma prática orientada conscientemente. Prática e teoria, portanto, dependeriam e seriam referidas inevitavelmente uma em relação à outra. (Schmied-Kowarzik, 1988, p. 10-11)

Entretanto, essa delimitação do problema expressa toda a sua complexidade dialética. Segundo o autor, nenhuma outra das "ciências burguesas" tradicionais ensinadas na universidade conhece o problema entre teoria e prática como a Pedagogia. Ele exemplifica apresentando o caso da Medicina, do Direito e da Teologia que aparentemente não exigem nenhuma investigação da prática, podendo partir de proposições normativas desenvolvidas na prática de acordo com as normas e com habilidade técnica (Direito, Teologia) ou precisam traduzir na prática de modo técnico-artesanal os conhecimentos obtidos (das doenças, no caso da Medicina).

Do mesmo modo, podemos argumentar que as demais ciências humanas e em especial as Ciências da Educação, por terem um caráter mais descritivo, não aprofundam a compreensão sobre as relações entre teoria e prática. Já a Pedagogia, como teoria da educação, seja na produção da teoria que teve origem na prática (educativa) ou ao orientar a prática (educativa) com um referencial teórico, movimenta-se o tempo todo entre a teoria e a prática. Daí sua fertilidade que convida a aprofundar o entendimento das relações entre esses dois elementos constituintes do conhecimento.

O enfrentamento das questões relacionadas ao embate entre teoria e prática é rico para a Pedagogia, não por vontade própria dela, mas pela possibilidade e oportunidade que oferece à pessoa (educador) de refletir sobre a humanização das outras pessoas (educandos) ou, colocado no âmbito social, a responsabilidade de uma geração sobre a formação da nova geração.

Schmied-Kowarzik (1988), no prefácio de sua obra aqui utilizada, estabelece que o título do livro não se refere a uma orientação específica da Ciência da Educação, mas pretende reportar-se à própria fundamentação teórica e científica da Pedagogia. Ou seja, a educação como objeto de estudo da Pedagogia, por ser multideterminada e investigada *em movimento*, necessita de uma abordagem epistemológica que rompa com a lógica formal da ciência moderna. Daí a perspectiva dialética ser fundante para a Pedagogia mais do que ao caracterizar como dialéticos "o aparecimento de fenômenos educacionais inter-relacionados e a utilização de procedimentos de pesquisa condicionados reciprocamente", mas ao "revelar a ciência da educação como uma disciplina que não pode se realizar a não ser enquanto teoria dialética, sempre que encara como sua tarefa consciente a de ser ciência prática da e para a práxis educacional" (p. 10).

De modo diferente, as ciências do conhecimento, sejam elas relacionadas à natureza ou ao campo social-humano, reduzem-se ao conhecimento de situações de fato dadas, inclusive no caso da práxis humana que envolve decisões e comportamentos de indivíduos, grupos ou relações sociais. Nessas ciências, a prática é traduzida por desenvolvimentos ou estruturas comportamentais, caso contrário teria que renunciar aos critérios de objetividade e validade.

Entretanto, Schmied-Kowarzik (1988) afirma que todo saber, inclusive o proveniente do campo das ciências do conhecimento, pode ser de alguma forma útil à prática, "mas isto exige o posicionamento prévio de objetivos, de decisões pedagógicas e políticas não mais resultantes ou fundamentadoras da ciência do conhecimento" (p. 11).

A partir desses posicionamentos e decisões tomados, o que se apresenta é uma nova disciplina — a tecnologia — que cuida da tradução prática das tarefas, seja ela a tecnologia das ciências naturais ou sociais. De modo diferente, a prática pedagógica não se relaciona, não se desenvolve nessa efetivação e realização técnica de tarefas dadas:

> [...] a relação dialética entre teoria e prática reside justamente em decisões e posicionamentos pedagógicos não disponíveis a partir da ciência do

conhecimento ou da tecnologia, que podem se servir do saber científico e da tradução tecnológica, mas não podem, inversamente, se fundamentar a partir deles. (Schmied-Kowarzik, 1988, p. 11-12; grifos meus)

Ao perder de vista essa sua dialética constitutiva entre teoria e prática, a Pedagogia fica reduzida a "uma ciência profissional pragmática do professor, mera transmissora de conhecimentos para o domínio das aptidões técnicas e artesanais da orientação do ensino submetida a objetivos determinados politicamente" (p. 12). Assim, Schmied-Kowarzik situa nas decisões e posicionamentos pedagógicos o cerne da relação dialética entre a teoria e a prática educativa.

Podemos sintetizar suas contribuições, até o momento, da seguinte maneira: o objeto da Pedagogia como ciência é a educação. A educação representa uma ação do ser humano sobre o ser humano, ou seja, a ação educativa objetiva humanizar o ser natural. A produção do ser natural em ser humano pelos seres humanos (educadores) não é fixada naturalmente nem ocorre de modo transcendental. Assim, a educação precisa de uma diretriz teórica por meio da Pedagogia. Para tanto, a Pedagogia não pode ser somente conhecimento *da* educação, um saber puramente empírico sobre a educação. Ela necessita ser simultaneamente um conhecimento *para* a educação, de modo que esta se efetive pela práxis humana. É nesse contínuo movimento *da* e *para* a educação que a dialética impõe-se como fundante da Pedagogia, ao relacionar teoria e prática nas decisões e nos posicionamentos pedagógicos.

Cabe aqui a seguinte indagação: quem decide e posiciona-se frente à ação educativa? Partindo da compreensão de que a Pedagogia corresponde ao esclarecimento racional dessa ação dirigida à humanização da geração em desenvolvimento, Schmied-Kowarzik (1988, p. 129) afirma que "seu saber da e para a educação é mediatizado *pelo educador* [...]. Ela não possui capacidade de interferir na práxis por si mesma, mas apenas *mediante o educador* [...]" (grifos meus).

Observamos nessa constatação que o autor traz em cena, e com destaque, o agente educativo. É por meio do educador que a Pedagogia como ciência pode tornar-se prática na pesquisa e no ensino, de modo que nele repouse a instância mediadora entre teoria pedagógica e práxis educativa.

O pedagogo como o agente educativo

Para aprofundarmos esta perspectiva da intervenção do educador como agente da ação educativa, contaremos com a contribuição de J. Gimeno Sacristán.

A linguagem coloquial, ao referir-se à relação teoria e prática, remete-nos ao entendimento de que o que a pessoa faz, exerce, age, corresponde à prática. Sacristán diferencia esse exercício individual daquele que é empreendido coletivamente. À primeira situação, ele utiliza o conceito de *ação*, reservando o conceito de *prática* àquilo que é exercido pelo coletivo social. Prática educativa passa a ser entendida como uma "ação orientada, com sentido, em que o sujeito tem um papel fundamental como agente" (Sacristán, 1999, p. 29).

Para um melhor entendimento da complexa relação entre teoria e prática, tão recorrente na pedagogia,

> [...] é conveniente deter-se no estudo da ação humana, na qual podem ser apreciados os componentes básicos que serão os pivôs para entender práticas que, embora ainda mantenham uma dependência direta daqueles que estão envolvidos em seu desenvolvimento, adquirem, no entanto, um caráter social e cultural que ultrapassa os indivíduos concretos que as praticam. (Sacristán, 1999, p. 30)

Sacristán parte do princípio de que a educação em seu sentido original é ação de pessoas, embora seja simultaneamente a extensão e o enlace dessa iniciativa subjetiva com a ação social, na medida em que envolve projetos sociais dirigidos, crenças coletivas e marcos institucionalizados. Entretanto, essa ação social materializa-se na ação individual que, marcada pela singularidade humana, nunca representa uma fotocópia fiel daquela.

A partir da contribuição de diversos pensadores (Arendt, Foulquié, Mosterín), ele desenvolve o conceito de *ação* como alguma potencialidade ou faculdade da qual dispomos que nos faz tomar a iniciativa, começar, pôr algo em movimento para produzir certo efeito, de modo que se passe do projeto à realização. Assim, por meio da ação, interfere-se de modo consciente e voluntário no decurso normal dos acontecimentos.

A ação tem um significado de atividade que ocorre no momento (o processo), mas também significa o resultado daquilo que ocorreu (o produto). Uma condição essencial sua é de sempre ser pessoal e definidora da condição humana, "ligada a um eu que se projeta e que se expressa por meio dela ao educar" (Sacristán, 1999, p. 31).

Desse modo, a ação pedagógica não pode ser pensada somente do ponto de vista instrumental; ela deve considerar o envolvimento do sujeito — o educador — e as consequências em sua subjetividade que se manifestarão em suas ações posteriores.

> O agente pedagógico que é o professor, quando exerce sua função, é um ser humano que age e esse papel não pode ser entendido à margem da condição humana, por mais técnico que se queira, seja esse ofício. Por meio das ações que realizam em educação, os professores manifestam-se e transformam o que acontece no mundo. (Sacristán, 1999, p. 31)

Partindo do princípio que a intencionalidade é condição necessária para a ação, o autor desconsidera as ações mecânicas e involuntárias por não as conceituar plenamente humanas. Assim entendida, o papel de intenção passa a ser decisivo na constituição da ação, pois "mais que indagar pelas causas, o que necessitamos é interpretar a intenção ou o propósito do agente" (Sacristán, 1999, p. 33). Esclarecer o sentido da ação humana, e da educativa em particular, é uma questão complexa e ao tentar elucidar o que nos move, aparecem conectados conceitos de difícil delimitação: propósitos, intenções, interesses, motivos, fins, necessidades, paixões.

Segundo Sacristán (1999), essa imprecisão é acompanhada de pelo menos três dificuldades. A primeira trata da variedade de razões que impulsionam cada um de nós a agir e as diferenças entre os seres humanos; a segunda é o grau de consciência que temos sobre esse fundo que nos move; e a terceira dificuldade refere-se ao problema das incoerências e dos conflitos entre as pulsões que se aninham em nós e na cultura: "a coerência é uma qualidade do modelo de personalidade racional moderna nem sempre refletida na imagem real que projetamos no mundo" (p. 34).

Porém, apesar dessas dificuldades e complexidades no trato do sentido da ação, o autor argumenta que esse mundo complexo e conflitivo tende a uma ordem. Daí ser possível identificar, dentro do componente dinâmico ou energético da ação, *esquemas* afetivos que a orientam, dando-lhe certa estabilidade, do mesmo modo que ocorre com o componente cognitivo. Esses esquemas estruturam-se a partir das ações semelhantes produzidas pelo próprio agente ou entre diferentes agentes: "não é preciso inventá-las novamente cada vez que se empreende uma ação parecida com outra anterior, tampouco deve explicitar suas intenções, afiançando-se, com isso, o sentido de nosso agir [...]" (Sacristán, 1999, p. 35).

Por outro lado, o sentido do agir não se reduz a ter motivos ou boas razões; é necessário que se queira fazê-lo. E esse querer é marcado pela vontade que transforma o desejo em uma intenção que direcionará a ação. A razão ilumina, é persuasiva, mas não determinante. O que move a ação é o jogo combinado de desejo e de razão, mas da razão prática que difere da razão especulativa. A razão prática é orientada pelo "conhecimento que não se compõe de regras, mas de princípios aplicados com sabedoria" (Sacristán, 1999, p. 35), conforme o conceito de *phronesis*.

Portanto, a ação pedagógica é marcada por essa razão prática, por esse conhecimento constituído de princípios a serem aplicados com sabedoria, embora a Pedagogia não se reduza a esse conhecimento. Ou seja, com a contribuição de Sacristán, podemos ampliar a compreensão de Pedagogia como campo de conhecimento. Entendendo que esta é uma ciência prática da e para a educação, a vitalidade de sua teoria depende da prática educativa, e está submetida ao primado da prática. Entretanto, a prática educativa depende da ação humana, da ação do agente educativo. À medida que essa ação educativa não é movida apenas pelo conhecimento pedagógico depurado, uma vez que é impossível resguardá-lo assepticamente no agente, os demais saberes, intenções, motivos etc., que se manifestam na ação do educador, também devem ser considerados como elementos da Pedagogia como ciência prática. É claro que o conhecimento já produzido e sistematizado pelas ciências de modo geral, pelas ciências humanas em particular e, em especial, pelas Ciências da Educação é fundamental para a constituição dessa razão prática do educador. Conforme argumentam Pimenta e Lima (2004, p. 43):

> [...] o papel das teorias é iluminar e oferecer instrumentos e esquemas para análise e investigação que permitam questionar as práticas institucionalizadas e as ações dos sujeitos e, ao mesmo tempo, colocar elas próprias em questionamento, uma vez que as teorias são explicações sempre provisórias da realidade.

Entretanto, é importante destacar que se consideramos a Pedagogia como ciência prática — e estamos, portanto, no campo do fazer e do para que fazer —, os demais elementos constituintes da ação humana também devem ser considerados como componentes essenciais da Pedagogia, já que eles permitem o questionamento e, por conseguinte, o revigoramento das teorias produzidas sobre a educação. Aprofundar esse entendimento de como as teorias sobre a educação são questionadas, revigoradas e até mesmo produzidas a partir das ações educativas requer a compreensão do conceito de *prática educativa* e de suas relações com a ação educativa, tendo em vista que:

> Muitos componentes do conhecimento sobre a educação que dão conteúdo ao conceito de teoria educativa são informações sobre a prática, são práticas codificadas, a única forma que temos de aproximarmo-nos daquilo que não sejam ações próprias ou diretamente observáveis nos outros. (Sacristán, 1999, p. 81)

Sacristán reserva à prática educativa o resultado simbólico daquilo que é materializado pelo conjunto das ações educativas, ou seja, pelo conjunto das ações singulares exercidas por cada educador, é a cultura acumulada sobre essas ações:

> Agimos a partir das ações, porque o fazemos a partir de uma cultura. A prática é a cristalização coletiva da experiência histórica das ações, é o resultado da consolidação de padrões de ação sedimentados em tradições e formas visíveis de desenvolver a atividade. (1999, p. 73)

Desse modo, a prática educativa expressa um produto já constituído que permite aos educadores, a partir dele, adquirir um conhecimento prático que poderá ser aperfeiçoado. Um produto que é toda bagagem cultural consolidada sobre a atividade educativa e situada no âmbito do social, na forma de cultura objetivada. A prática educativa é assim entendida como *cultura sobre a educação*.

> [...] é formada por toda a ampla gama da "informação educativa" que diz como a educação é e foi em diferentes modelos e circunstâncias, como se sabe, como se fez; consta de informação histórica recebida sobre fatos, pessoas, ideias, orientações de valor e técnicas; é composta pelas sentenças populares, por estruturas que nos levam a pensar de determinada forma, por sistemas teóricos e por grandes filosofias educativas. (Sacristán, 1999, p. 80)

A partir desse conceito ampliado de prática educativa, Sacristán (1999) afirma que a prática é institucionalizada, pois já nos é dada *a priori*, como um legado imposto. Por *instituição*, ele entende o "conjunto de regras constitutivas que definem e determinam posições e relações em uma determinada área de uma maneira convencional" (p. 85). Constituída essa instituição, as ações individuais já não podem ser totalmente independentes.

Se, como vimos, a ação educativa é marcada pela singularidade humana e expressa um certo grau de criatividade, essa autonomia relativa do educador é circunscrita à prática institucionalizada, de modo quase normativo. Há, o tempo todo, nas relações que Sacristán estabelece entre a ação e a prática educativa, uma compreensão de que o papel do educador na sociedade não é nem somente de conservá-la nem somente de transformá-la.

Ele concorda com Arendt quando diz que o conservadorismo é a essência da atividade educativa, cuja missão é proteger a criança diante do mundo e do mundo diante da criança, de modo a garantir a continuidade da cultura. Entretanto, não identifica nessa função da educação em introduzir, às novas gerações no seio da sociedade já estabelecida, um caráter imobilista: "nas sociedades fechadas, a tradição é imutável, nas abertas ela é renovada e recriada porque se revisa a herança recebida com a crítica e com a contribuição autônoma e livre dos indivíduos" (Sacristán, 1999, p. 76).

Há no entendimento do autor uma negação tanto de um estruturalismo determinista quanto de um voluntarismo idealista e ingênuo, de modo que não se minimize os efeitos da institucionalização nem se assuma uma atitude que considere a realidade imóvel. Constatamos, portanto, que Sacristán (1999) procede com uma abordagem dialética que busca o tempo todo compreender a educação em sua totalidade de determinações sociais e culturais, articulando-a à singularidade da condição humana.

A apropriação da dialética pela Pedagogia

Schmied-Kowarzik (1988) identifica dois modos de a Pedagogia utilizar-se do conceito de dialética: como ciência do espírito e como ciência da educação. No primeiro, a pedagogia dialética é marcada por uma análise descritiva que deixa visível os momentos constitutivos da pratica educacional, tornando o educador consciente da complexidade dinâmica da educação em que insere sua própria atuação. Os momentos de pensar dialeticamente as situações de ensino não são fatos imóveis, mas sim carregados de sentido. Desse modo, o movimento dialético propicia ao educador uma visão dos pressupostos, muitas vezes ocultos em suas atividades. Entretanto, essa "dialética compreensiva" oculta a determinação social de cada realidade educacional dada historicamente. A dialética, assim utilizada, como ciência do espírito:

> [...] reside na própria situação educacional prática, e cabe à pedagogia lhe fazer justiça mediante a sua reflexão, esclarecendo de tal modo a dialética da situação educacional para o educador, que ele experimenta nisto um guia prático para as suas decisões educacionais. (Schmied-Kowarzik, 1988, p. 14)

Ilustra bem essa abordagem dialética o conceito de professor reflexivo difundido no Brasil a partir dos anos 1990.[5] Tanto o conceito de professor reflexivo quanto a referida abordagem dialética articulam-se com os princípios da dialética hegeliana, que Schmied-Kowarzik denomina de teoria afirmativa, ao acreditar que basta tornar consciente a eticidade existente na prática humana que ela progressivamente realizar-se-á na história por meio dos indivíduos assim esclarecidos:

> [...] para Hegel, importa à filosofia, que questiona pela totalidade da práxis humana e da realização histórica efetiva, unicamente a compreensão desta "razão" sempre ativa, e não qualquer condição de vida concreta aqui e agora, ela também não pode pretender interferir nas lutas práticas da realidade atual. (Schmied-Kowarzik, 1988, p. 38)

Ainda de acordo com Schmied-Kowarzik (1988), a tentativa da Pedagogia em permanecer no plano da compreensão prática, para corresponder ao domínio prático da educação, impede-a de se tornar uma Ciência da Educação que analisa criticamente a realidade educacional existente em sua determinação histórico-social.

O segundo modo de a Pedagogia utilizar-se do conceito de dialética refere-se, portanto, à ciência crítica da educação. Nessa abordagem, pesquisa-se a realidade histórica e social da educação em consequên-

---

5. Ver Pimenta e Ghedin (2002) e Pimenta e Lima (2004).

cia de um propósito crítico e emancipatório. Entende-se que a realidade educacional como atividade *inter-humana* factual e de sentido determinado, completa-se em relações sociais geradas historicamente e comprometida com a tarefa de emancipar os educandos. Ela própria é determinada por um emaranhado dialético de procedimentos de pesquisa empírico-analíticos e histórico-hermenêuticos, baseados no interesse de uma práxis educacional emancipatória: "a ciência da educação [...] é conduzida por um interesse libertário de conhecimentos voltados à emancipação e libertação dos homens" (Schmied-Kowarzik, 1988, p. 13).

O objetivo dessa teoria crítica é a análise reveladora de todas as imposições e todos os mecanismos sociais que mantêm os indivíduos oprimidos e sem liberdade. Ela parte "do conhecimento da determinação histórico-social da realidade educacional para reivindicar criticamente dela a não cumprida exigência emancipatória da educação" (Schmied-Kowarzik, 1988, p. 14).

Nessa perspectiva, a dialética manifesta-se na abordagem metódica e reflexiva que permite à Educação ser apreendida como prática social e a reflexão explicativa, envolvida dialeticamente com o interesse emancipatório do conhecimento. Dessa maneira, a reflexão crítica limita-se à investigação de *cada* realidade educacional dada e daí a impossibilidade de tornar-se uma teoria da prática para orientar uma ação educativa futura, como ocorre na racionalidade técnica regida pela lógica formal. Entretanto, se não é possível transferir a teoria que referencia uma situação prática para uma ação educativa futura, há que se qualificar que tipo de teoria pode ter um caráter prospectivo. Schmied-Kowarzik (1988) cita Marx para esclarecer que "a tarefa da teoria consiste no tornar conscientes as contradições, e este é sempre um momento de interferência prática em direção a uma práxis social consciente, livre e ética, ainda inexistente" (p. 42).

Schmied-Kowarzik (1988, p. 17) argumenta que, somente quando a teoria está submetida à prática no momento em que o agente educativo está em ação, ela consegue ser teoria da práxis para a práxis. Desse modo,

> [...] a pedagogia dialética, ciente de sua limitação (negativa) básica enquanto teoria, se suprime nessa limitação como teoria, em uma negação determinada, podendo se tornar (positivamente) em guia e orientação para o agente educacional. Contudo, a positividade determinada de sentido não se subordina à pedagogia dialética, mas à decisão livre do educador na própria práxis educacional.

Crítica às condições de trabalho na escola

O vínculo com a dialética como ciência crítica da educação é fundamental para que a realidade educacional e os problemas aí a serem enfrentados não sejam compreendidos nem a partir de um idealismo ingênuo nem de um imobilismo pessimista. Schmied-Kowarzik (1988, p. 47) recorre a Marx para explicar que o processo de mudança das circunstâncias é também um processo de mudança do educador:

> [...] a doutrina materialista de transformação das circunstâncias e da educação esquece que as circunstâncias são transformadas pelos homens, e que o próprio educador precisa ser educado. A coincidência da transformação das condições e da atividade humana ou autotransformação só pode ser apreendida e entendida racionalmente como práxis revolucionaria.

E aí está a razão a mais para sustentar uma Pedagogia Crítica, conforme Libâneo (1999, p. 184): "formar cidadãos capazes de intervir nos processos políticos para a conquista de estruturas socioeconômicas asseguradoras das condições de democracia, igualdade e justiça".

Nessa mesma direção, argumentam Pimenta e Lima (2004, p. 49), questionando o que significa professor reflexivo e professor pesquisador, quando apontam que o papel da teoria é oferecer aos professores perspectivas de análise do contexto histórico e do "permanente exercício da crítica às condições materiais nas quais o ensino ocorre".

À importância que a perspectiva da epistemologia da prática vem assumindo na produção acadêmica, assim como em muitas políticas de formação de professores, as autoras advertem que é necessário apontar alguns limites de natureza política:

> Quais as condições que a escola pública oferece para espaços de reflexão coletiva e de pesquisa por seus profissionais? É possível criar e desenvolver uma cultura de análise nas escolas cujo corpo docente é rotativo? Que interesse os sistemas públicos que adotam políticas com práticas autoritárias e de desqualificação do corpo docente têm em investir na valorização e no desenvolvimento profissional dos professores? (Pimenta; Lima, 2004, p. 50)

Alinhando-se a outros autores nesse debate (Contreras, Giroux), elas afirmam que

> [...] a superação desses limites se dará a partir de teoria(s) que permita(m) aos professores entender as restrições impostas pela prática institucional e pelo histórico social ao ensino, de modo a identificar o potencial transformador das práticas. (Pimenta; Lima, 2004, p. 53)

Essas teorias a que se referem as autoras devam constituir o eixo estruturante da Pedagogia, em torno do qual giram as demais teorias e saberes, de modo que realmente sejam úteis e válidas na prática educativa, à medida que se reportam o tempo todo ao contexto situacional.

Ademais, a Pedagogia como diretriz orientadora da prática do educador não pode justamente ser prescritiva, pois subtrairia dele sua autonomia (relativa) de ação. As teorias que determinam a prática por meio de regras conformam o educador na situação educacional e dificultam que ele apreenda os elementos presentes na situação específica em que está envolvido. Ao agilizar o "como fazer", essas teorias secundarizam a análise das condições efetivas da situação educativa e analisar essas condições é imprescindível para que o educador identifique os limites de sua ação. Apreender e compreender as determinações do contexto educativo é condição necessária para que o educador possa exercer sua autonomia, ainda que relativa, e assim identificar e interferir na transformação do real.

Portanto, a teoria da educação deve favorecer ao pedagogo a análise da situação educacional, de modo a permitir-lhe uma intervenção com diretriz clara e compatível com as condições concretas que se apresentam em dada situação. Ou seja, o conhecimento pedagógico deve oferecer ao educador ensinamentos que o permitam atuar com indicações de caminhos no momento da ação e não somente interpretar e analisar a situação educacional *a posteriori* (Schmied-Kowarzik, 1988).

O papel da teoria pedagógica

Considerar que os indivíduos podem interferir na herança recebida implica em compreender a prática educativa institucionalizada passível de transformação. No âmbito da prática escolar, a teoria pedagógica desempenha um papel importante para que essa prática possa ser alterada. Porém, se constatamos a complexidade na relação entre teoria e prática a partir da distinção entre a ação e a prática educativa, como podemos posicionar o papel da teoria pedagógica nesse âmbito? Ou seja, se nem a ação nem a prática educativa institucionalizada manifestam uma teoria depurada, marcadas que são por saberes fragmentados de diferentes procedências, em que sentido cabe falar em teoria pedagógica?

Para Sacristán (1999), o objetivo primordial do conhecimento sobre a educação é iluminar a prática retrospectivamente, de modo que seja desmascarado aos educadores o caráter histórico da realidade educativa. Somente assim eles podem ser protagonistas de sua própria história. O autor recorre a Berger e Luckmann para afirmar que temos de enfrentar "o paradoxo de que o homem seja capaz de produzir um mundo social que depois se mostra a ele como objetivo, que é experimentado como algo distinto de um produto humano" (p. 87).

Muribeca (2001) diferencia essa situação, no caso das ciências da natureza, por terem um caráter cumulativo, ou seja, a explicação de uma questão atual relativa ao campo das ciências exatas ou naturais pode até não proceder com uma retrospectiva histórica do tema sem comprometer seu entendimento. Já as ciências humanas, por não terem um caráter cumulativo,

> [...] inclusive a educação, não podem prescindir da própria história. No entanto quando se fala em refazer a história para definir o estado atual de uma questão, em educação, isso não significa recuperar sua história canônica, no pior sentido do termo escolástico, mas precisamente refazer essa história para poder vislumbrar aquilo que uma historicização anterior ocultara. (p. 21)

Schmied-Kowarzik (1988) defende a ideia de que a teoria pedagógica deve estar a serviço da práxis educativa, à medida que seu sentido é esclarecer o educador para que este se posicione conscientemente frente ao problema educativo, "sem que a teoria pedagógica pretenda lhe subtrair o conhecimento e a decisão das situações educacionais" (p. 52).

Há nesse sentido a compreensão de que nenhuma teoria pedagógica é totalmente incorporada em uma situação de ensino nem mesmo deve sê-la em nenhuma situação. A teoria pedagógica deve ser utilizada pelo educador para dialogar com outros saberes, teorias e informações de diferentes procedências que ele tem e que constituem o conhecimento que é 'dele' de 'uma situação de ensino específica' e por lhe ser um conhecimento único e original como resultado dessa combinação de diferentes teorias, saberes e informações, constitui-se elemento fundamental para garantir sua autonomia de decisão.

Entretanto, à medida que a teoria pedagógica não pode tirar do educador a decisão da situação educativa nem o conhecimento que ele tem dessa situação, que é mais amplo que ela própria, do mesmo modo, ela não pode se furtar de ser orientação teórica fundamental para o conhecimento e a decisão de situações educacionais. Nesse sentido, para Schmied-Kowarzik (1988), a tarefa da teoria pedagógica "consiste em que ela introduz de tal modo o próprio educador na dialética de sua problemática, a problemática da determinação da tarefa educacional, que este é impelido a uma autodeterminação consciente do problema na práxis" (p. 52).

Esse entendimento, de que o conhecimento do educador em situação educacional é maior do que qualquer teoria ou conjunto de teorias pedagógicas, aproxima-se das formulações de Sacristán (1999) que vê como primeira condição da teoria de educação justamente não existir como uma teoria suficientemente estruturada. Ela constituiria "uma *episteme* dispersa que é composta senão por fragmentos de valor desigual, por capacidade explicativa e esclarecedora muito desiguais e por possibilidades desiguais de vincular-se entre si" (p. 135).

Sacristán (1999) argumenta que é cada vez mais difícil falar em grandes correntes filosóficas em Educação que orientam práticas educativas. Seria mais adequado admitir a existência de abordagens e enfoques interdisciplinares com propostas integradoras, mas que se dispersam em diferentes perspectivas metodológicas, definição de temas e interesses subjacentes.

O fato é que não existe um corpo de teoria definida como conhecimento completo, fechado e articulado sobre a educação que possa dirigir a realidade educacional.

> A informação disponível que opera, esclarece ou acompanha as ações e as práticas educativas como racionalizações é composta por elementos muito variados: os conteúdos das consciências individuais em situações concretas, o conhecimento do senso comum compartilhado ligado às situações da vida cotidiana e a comportamentos institucionalizados, as manifestações da opinião pública (pesquisas, por exemplo), os trechos de etnociência fragmentada, as notícias e relatos estruturados de experiências práticas que descrevem formas de fazer, os conceitos provenientes de diversas disciplinas, princípios gerais procedentes de teorias ou visões globais da educação nas quais se entremeiam explicações, prescrições e, finalmente, sistematizações emergentes, mais ou menos elaboradas de toda esse amálgama de componentes. Tudo isso constitui a base de conhecimento inerente às práticas educativas que fixa a cons-

ciência a partir da qual se estruturam, decidem e avaliam as ações. Não é um sistema, mas um 'quebra-cabeça' de muitos fragmentos em processos de organização emergentes. (Sacristán, 1999, p. 137)

Considerando toda essa difusão teórica, Sacristán (1999, p. 137) defende que por teoria da educação seja denominado "os componentes e as tentativas de formalização melhor alcançados", que de qualquer maneira não podem explicar toda prática nem esta pode ser conduzida só por eles.

O pesquisador admite o caos que esse entendimento pode gerar; entretanto alerta para o fato de que "esse acúmulo de informação teórica, prática e também ética sobre a educação tende a organizar-se de forma a facilitar sua estruturação e operacionalidade prática" (Sacristán, 1999, p. 137).

Assim, recuperando a teoria pedagógica no terreno precário em que é semeada, devemos procurar sua credibilidade como corpo teórico que interfere na prática, para além da perspectiva cientificista que sempre imprime ao conhecimento uma função utilitarista. Nesse sentido, cabe esclarecer que firmar a Pedagogia como uma ciência da prática e para a prática é justamente libertá-la dessa função. O utilitarismo configura-se no atendimento aos interesses do capital, preparando as pessoas para as demandas do setor produtivo. De modo diferente, o entendimento de Pedagogia como ciência da prática e para a prática projeta-se na perspectiva de uma práxis transformadora dessa realidade social.

Como ciência da prática e para a prática, a Pedagogia distancia-se da ideia de ciência como acervo aplicável à técnica, uma vez que sua elaboração não se constitui em um corpo teórico sistemático possível de ser convertido tecnicamente para a produção de um bem material. O campo de conhecimento da Pedagogia deve dispor-se ao educador para que este selecione os elementos (teóricos) necessários no encaminhamento tanto de uma ação que esteja ocorrendo em uma situação educacional específica, quanto na projeção de outras situações que, no caso da docência, consubstancia-se no planejamento das aulas.

Um conceito amplo de Pedagogia

Até aqui destacamos a contribuição da teoria pedagógica na prática educativa, a complexidade de sua constituição e a precariedade com que se manifesta como ciência da prática e para a prática. Assim, propomos identificar a pedagogia *como campo do conhecimento sobre e na educação*. "Campo de conhecimento", pois não se trata apenas de teorias científicas, à medida que envolve outras formas e tipos de conhecimento: do senso comum, da estética, da ética e política, da empiria, da etnociência[6]. Ou seja, a pedagogia constitui-se por uma abordagem transdisciplinar do real educativo ao articular as teorias das diferentes ciências que lhes dão sustentação direta (Psicologia, Sociologia, História e Filosofia) com as demais ciências que lhe alimentam de modo mais indireto (biologia, antropologia, neurologia...). Constitui-se, ao mesmo tempo, por uma abordagem pluricognitiva ao ser expressão dos diferentes tipos e formas de conhecimentos já mencionados; "sobre a educação", por teorizar e sistematizar as práticas educativas produzidas historicamente na articulação dos diferentes saberes já descritos; e "na educação", ao materializar-se nas práticas educativas que são fundantes para a articulação de todos os conhecimentos produzidos nas ações dos educadores, no âmago da atividade prática. Assim, a Pedagogia, como campo de conhecimento prático, conjuga e é constituída por esses diferentes tipos e formas de conhecimentos sob a mediação da ética e da política. É a partir dos princípios éticos e políticos que ocorre a seleção e a articulação dos saberes científicos, dos saberes da experiência, dos saberes do senso comum pedagógico sob o *primado da reflexão filosófica*.

Mais do que *considerar* que esses diferentes tipos e formas de conhecimento estão presentes no trato pedagógico, o que quero destacar é que eles devem ser entendidos como *constituintes* da própria Pedagogia como campo de conhecimento. Expurgá-los é inviabilizar a

---

6. Sacristán (1999) define etnociência como aquele campo da ciência que é incorporado ao senso comum transformado.

possibilidade da Pedagogia como ciência da prática e para a prática. Para reduzir-se às teorias científicas, ela deveria eliminar os demais conhecimentos mobilizados pelo agente educativo na atividade prática e, com isso, deixar de ser ciência prática, equiparando-se às demais ciências descritivas.

A necessidade dessa ampliação do conceito de Pedagogia justifica-se principalmente por conta da própria mudança de paradigma da docência, já referida anteriormente.

Considerando que a Pedagogia desenvolveu-se historicamente a partir do ensino, como expressão mais bem acabada das práticas educacionais, e que a docência constitui o seu cerne, a ampliação do entendimento do exercício da docência implica na ampliação do conceito de Pedagogia. Cabe aqui o argumento de Rios (2003, p. 23) ao trazer à luz a perspectiva estética do trabalho docente:

> Não invento uma nova dimensão.
> Des-cubro — no sentido mesmo de afastar o que está cobrindo.

Do mesmo modo, argumentamos que nada está sendo inventado. A Pedagogia como campo de conhecimento prático sempre manifestou diversos saberes que nunca se reduziram às teorias científicas depuradas. Como já vimos, as definições clássicas já contemplavam seu campo epistemológico, para além do científico, ao tratá-la como arte. O fato de identificar esses diferentes saberes ou, melhor ainda, admiti-los como saberes constituintes da Pedagogia, é afastar o que a cobre sob o manto da racionalidade técnica e do cientificismo, que contraditoriamente foi o que sempre alimentou a contestação do seu estatuto de cientificidade.

Como argumenta Rios (2003, p. 45):

> É preciso resgatar o sentido da razão que, como característica diferenciadora da humanidade, só ganha sua significação na articulação com todos os demais "instrumentos" com os quais o ser humano se relaciona com o mundo e com os outros — os sentidos, os sentimentos, a memória, a imaginação.

Todos esses elementos, como já foi discutido, estão presentes na ação educativa e, por extensão, na Pedagogia à medida que a entendemos como um campo de conhecimento prático. Franco (2003), ao reivindicar à Pedagogia ser a ciência da educação, considera a necessidade de ampliar o "sentido de ciência, considerando novos pressupostos epistêmicos, compatíveis com a essencialidade do fenômeno educativo delimitado como objeto" (p. 76) e de "partir de uma nova dimensionalidade à questão de sentido do científico; [...] superar os limites impostos pela racionalidade moderna e adentrar em pressupostos que contemplem a dialeticidade e a complexidade inerentes ao objeto em questão (a educação)" (p. 77).

Adentrar em pressupostos que contemplam a dialética e a complexidade do objeto de estudo da Pedagogia implica em ampliá-la como campo de conhecimento a partir dos seus componentes científicos, submetidos à vigilância rigorosa da ética e da política.

Por outro lado, considerar a singularidade das situações de ensino que são marcadas pela subjetividade humana não inviabiliza a Pedagogia como ciência, se entendemos esta como uma forma de conhecimento que se caracteriza por formulações universais. Conforme argumenta Libâneo (2000, p. 81):

> Quanto à singularidade dos fenômenos humanos, ela existe; mas isso não impossibilita a ocorrência de regularidades que possam gerar leis explicativas, por mais que tais leis, no caso da educação, não impliquem uma predição exata de prescrições ou aplicações absolutamente objetivas.

Ou seja, na singularidade da situação de ensino, o saber da experiência é produzido por uma prática *mediada* por leis explicativas e universais e se toda atividade prática tem referência teórica multiconstituída em elementos de diferentes procedências, consequentemente não ocorre nessa atividade a transferência pura e integral de teorias sistematizadas previamente.

Ainda de acordo com Franco (2003, p. 85), cabe à pedagogia transformar

[...] o senso comum pedagógico, a arte intuitiva presente na práxis, em atos científicos, sob a luz de valores educacionais, garantidos como relevantes socialmente, em uma comunidade social. Seu campo de conhecimentos será formado pela intersecção entre os saberes interrogantes das práticas, os saberes dialogantes das intencionalidades da práxis e os saberes que respondem às indagações reflexivas formuladas por essas práxis.

Dermeval Saviani (1985), na introdução do clássico *Educação: do senso comum à consciência filosófica* desenvolve detalhadamente o papel da reflexão filosófica na formação dos educadores no contexto de transformação radical da sociedade. Ele justifica que o título do livro expressa sua intenção em contribuir com a elevação da "prática educativa desenvolvida pelos educadores brasileiros do nível do senso comum ao nível da consciência filosófica" (p. 10). Ele trabalha com o conceito gramsciano de *senso comum* para explicar que "passar do senso comum à consciência filosófica significa passar de uma concepção fragmentária, incoerente, desarticulada, implícita, degradada, mecânica, passiva e simplista a uma concepção unitária, coerente, articulada, explícita, original, intencional, ativa e cultivada" (p. 10).

Daí a importância que atribui à reflexão filosófica na articulação e seleção dos diferentes saberes que integram o conhecimento pedagógico. Do mesmo modo que Saviani (1985) relaciona os conceitos de senso comum e bom senso, podemos dizer que a reflexão filosófica possibilita trabalhar o senso comum pedagógico de modo a extrair dele as experiências válidas (o bom-senso) e dar-lhes expressão elaborada com vistas à formulação de uma prática educativa transformadora.

A ampliação do conceito de docência

Para reforçar a justificativa sobre a necessidade de ampliar o conceito de Pedagogia em função da mudança na concepção de docência, apresentaremos agora a contribuição de três professoras brasileiras que têm desenvolvido pesquisas na área de formação de professores.

Rios (2003) trabalha com três dimensões da competência docente articuladas entre si: a dimensão técnica, a dimensão estética e as dimensões ética e política. Ao desenvolver a ideia da dimensão estética na prática docente, ela explica que se trata de trazer luz à subjetividade do professor que é "construída na vivência concreta do processo de formação e de prática profissional" (p. 98). Para melhor compreensão da subjetividade do professor, é importante clarear o que entendemos por ser humano:

> [...] é um animal simbólico. Isto significa que a racionalidade não é algo isolado, mas estreitamente articulado a outras capacidades, outros instrumentos que tem o homem para interferir na realidade e transformá-la. Nesse sentido, a imaginação, a sensibilidade são elementos constituintes da humanidade do homem [...]. (p. 98)

A compreensão do professor nessa condição humana inviabiliza o exercício da docência reduzida à racionalidade técnica, tendo em vista que o professor também não é apenas um ser racional e, portanto, ao agir, atua com outros elementos para além da razão: criatividade, emoção, imaginação, sensibilidade; assim como em muitas situações de ensino, age também com frustração, raiva, irritação, impaciência... Do mesmo modo, se concebemos o aluno nessa mesma condição humana, temos aí os dois sujeitos que conduzem o processo de ensino-aprendizagem, forçando a docência para além da racionalidade técnica.

Pimenta (1999, 2002, 2004) divide os saberes da docência em três grandes grupos: a experiência, o conhecimento e os saberes pedagógicos. Há tempos, a pesquisadora vem enfatizando a importância de os saberes da experiência serem trabalhados junto aos demais saberes na formação de professores.

Ao tratar dos saberes da experiência, Pimenta (2002) destaca inicialmente a experiência de aluno que todo futuro professor já teve e constitui-se, desse modo, em um primeiro estágio dos saberes da experiência. Posteriormente, com mais tempo no exercício do magistério, essa experiência amplia-se no cotidiano docente, de modo que esse conhecimento empírico deve ser submetido a um processo permanente de reflexão da própria prática "que os coloque em condições de gerir novas práticas" (p. 11). Entretanto, reduzir o exercício da docência a reproduzir "aquele modo de fazer que aprendeu com seu mestre" (p. 16) é negar a profissionalidade docente, dispensando a *dimensão da criação*.

Do mesmo modo, a autora dá destaque à sensibilidade como forma de conhecimento:

> Muitas vezes é pela sensibilidade que o educador se dá conta da situação complexa do ensinar. A sensibilidade é uma forma de conhecimento. Sensibilidade da experiência é indagação teórica permanente. (Pimenta, 2002, p. 18)

Em estudo sobre o estágio na formação dos professores, Pimenta e Lima (2004) apresentam uma série de propostas metodológicas para que o estágio curricular seja trabalhado de modo integrado às demais disciplinas, já desde o início dos cursos, valorizando o diálogo entre os saberes da experiência e o conhecimento acadêmico.

Nesse sentido, pode-se constatar que os saberes da experiência estão adentrando os currículos dos próprios cursos de formação de professores e, por extensão, os cursos de formação dos demais profissionais do ensino. Eles deixam de ocupar um papel coadjuvante, geralmente para ilustrar uma prática que não deve ser seguida, à medida que está em desacordo com as teorias estudadas na universidade, para transformarem-se na matéria-prima a ser trabalhada conjuntamente com o conhecimento acadêmico. Ou seja, há uma tendência crescente de o senso comum pedagógico permear cada vez mais as grades curriculares de diferentes cursos, incluindo aí o próprio curso de Pedagogia.

Lima e Pimenta (2004, p. 157), ainda ao tratarem da sala de aula como espaço de conhecimento compartilhado, destacam que:

Juntamente com seu saber, sua cultura individual e coletiva, o professor leva consigo para a sala de aula sua história de vida e sua visão de mundo. A forma de conduzir os conhecimentos específicos de sua área de estudo, a relação com os alunos e a avaliação que utiliza passam pela visão de ciência que possui, pela concepção de aluno, de escola e de educação que acumulou no decorrer das experiências vivenciadas.

Podemos constatar, com os estudos de Pimenta e desta com Lima, uma grande ênfase em expandir a compreensão da complexidade que é o exercício da docência que não pode ser simplificado pela transferência mecânica de teorias científicas.

Assim sendo, com as contribuições desses estudos na ampliação do conceito de docência, novamente justificamos a importância de ampliar o entendimento epistemológico da Pedagogia como campo de conhecimento que tem, entre suas diferentes áreas de investigação, a docência como a principal. Ou seja, no presente estudo, identificamos dois aspectos diferentes embora interdependentes que justificam a ampliação do conceito da Pedagogia a partir do novo paradigma da docência. Para facilitar essa explicação, recorremos a um argumento contundente de Saviani (1988, p. 6) ao relacionar a educação escolar com a educação extra-escolar:

> A educação escolar representa [...], em relação à educação extra-escolar, a forma mais desenvolvida, mais avançada. E como é a partir do mais desenvolvido que se pode compreender o menos desenvolvido e não o contrário, é a partir da escola que é possível compreender a educação em geral e não o contrário.

Do mesmo modo, podemos argumentar que a Pedagogia, como teoria da educação, está mais avançada ao estudar a educação escolar do que a educação de modo geral, até mesmo porque "é na escola que o *pedagógico* tem lugar de forma mais explícita" (Libâneo, 1990, p. 7). À medida que o cerne da educação escolar é a docência, como articuladora do processo de ensino-aprendizagem que ocorre na sala de aula, a pedagogia escolar tem nela a sua referência principal.

O pedagogo

Tratando-se de um conhecimento da e para a prática, a Pedagogia manifesta-se, portanto, na ação do agente educativo. O pedagogo, como profissional formado em Pedagogia é, no caso, o referido agente. Nesse sentido, é importante evidenciar que nenhum pedagogo materializa todo o conhecimento da Pedagogia. Nem mesmo o conjunto de pedagogos pode expressar a sua materialização. À medida que a Pedagogia como campo de conhecimento prático não se reduz a um acervo teórico catalogado, finito e estático, que possa ser totalmente transmitido e assimilado por alguém, nenhum pedagogo pode representar a formatação desse conhecimento.

Mais do que isso, se a Pedagogia é um campo de conhecimento sobre e na educação, toda a sua teoria toma vida na ação educativa ao se reportar ao princípio da prática. Analogamente à explicação de Hanna Arendt, citada por Sacristán (1999, p. 31), de que "a ação sem um nome, um 'quem' ligado a ela, carece de significado, enquanto que uma obra de arte retém sua relevância, conheçamos ou não o nome do artista", podemos afirmar que a Pedagogia necessita de um agente educativo que lhe dê vida.

Independentemente de conseguirmos juntar todas as publicações referentes às teorias pedagógicas, mesmo assim elas não constituem *a* Pedagogia, pois careceria da *ação* para a sua materialização. À medida que a ação pedagógica, como ação humana, manifesta toda a complexidade, que vimos anteriormente, ela nunca pode ser a expressão acabada e integral de uma ou mais teorias pedagógicas. Ao contrário, a ação do pedagogo expressa fragmentos de teorias pedagógicas que interagem com fragmentos de outras teorias científicas — a etnociência — junto com a sensibilidade, a imaginação, os valores, os saberes da experiência, do senso comum pedagógico.

Considerando ainda que a ação pedagógica ocorra na interação com outros agentes (no caso da ação docente, na interação com os alunos), é na interação social que o pedagogo mobiliza a combinação de todas aquelas teorias e saberes. Entretanto, se as ações pedagógicas são únicas, pois situacionais — dependem dos outros sujeitos envolvidos e do contexto institucional —, isso não implica que não haja nenhuma unidade nas ações do pedagogo. É justamente na reflexão filosófica orientada por princípios ético-políticos que suas ações se identificam. Do mesmo modo que esses princípios decidem quais teorias pedagógicas serão mobilizadas na ação, são eles também que estão presentes o tempo todo na mobilização das outras teorias e outros saberes, assim como na articulação entre elas no momento da ação e, acima de tudo, estão presentes na projeção de suas intenções.

Para finalizar, recorreremos à filosofia clássica, com a contribuição de Rios (2003, p. 95), para uma possível distinção entre o que viemos denominando de teorias pedagógicas e o conceito ampliado de Pedagogia:

> Aristóteles distingue *poiein* — produzir — de *pratein* — agir. Quando faz a classificação das ciências, vai se referir a ciências teóricas (de *theorein*, contemplar), ciências práticas e ciências poéticas. O critério usado é o da finalidade das ciências. As ciências teóricas, afirma o filósofo, visam conhecer por conhecer; as ciências práticas e poéticas visam conhecer para agir. A diferença entre as duas últimas é que as ciências práticas estudam ações que têm seu fim em si mesmas (a ética e a política) e as poéticas estudam ações cujo fim é produzir alguma obra, algum objeto (a economia e as artes, por exemplo).

A Pedagogia, certamente, não se adéqua às ciências teóricas descritas por Aristóteles. Entendemos que ela transitaria das ciências práticas às ciências poéticas, voltando para as ciências práticas e assim sucessivamente. Nesse movimento, as teorias pedagógicas aproximar-se-iam mais das ciências poéticas e a Pedagogia, das ciências práticas (como a ética e a política), conforme já vimos anteriormente.

Capítulo 2

A Pedagogia Escolar e as demandas da escola pública

> [...] tenho debruçado sobre o fazer pedagógico intrínseco à educação escolar do ensino fundamental e médio, entendendo-o como campo de estudos dos especialistas. Nesses estudos, tem-se destacado a complexidade dos fenômenos da aprendizagem, dos sistemas de organização administrativa do complexo escolar e das diferentes e múltiplas formas de organização que apontam para a direção de uma escola na democratização do ensino. Nessa perspectiva, entendo que a teoria da educação, como reflexão sobre a prática, aponta para a importância dos profissionais denominados pedagogos atuarem nesse complexo chamado escola. Assim, a formação desses profissionais deve buscar responder aos reclamos da realidade escolar.
>
> *Selma Garrido Pimenta*

No primeiro capítulo, analisamos a Pedagogia como campo de conhecimento sobre e na educação a partir do entendimento que a educação, como fenômeno social, ocorre em todos os diferentes espaços de convivência humana. Como o objeto deste estudo é o trabalho do pedagogo na escola, este capítulo inicia-se pela apresentação da especificidade da pedagogia escolar — que tem seu foco na educação escolarizada. A partir daí, busca se diferenciar a atuação do pedagogo da atuação do professor no interior das escolas, com o objetivo de dar relevo ao que constitui o espaço de intervenção do pedagogo escolar.

A Pedagogia Escolar

A necessidade de adjetivar Pedagogia com escolar advém da expansão do seu campo de estudo e de intervenção na realidade social.

Como vimos, a Pedagogia surge historicamente vinculada à aprendizagem escolar. Entretanto, com a complexificação das relações produtivas e sociais nas sociedades avançadas, os processos educativos também se tornam cada vez mais complexos, resultando em novas exigências e outros desafios à sua compreensão e ao seu encaminhamento. Não é apenas o processo de ensino e aprendizagem escolar que se complexifica, mas todos os processos educativos que ocorrem em outros espaços sociais, em outras instituições. Desse modo, a trama emaranhada da vida social contemporânea e a consequente diversificação das atividades educacionais resultam na ampliação das ações pedagógicas (Libâneo, 1998a). A educação que ocorre no âmbito familiar, por exemplo, lida com mais elementos do que em gerações anteriores. Quando os avós dizem que é mais difícil educar os filhos hoje do que antigamente, manifestam os novos desafios, as novas exigências da atualidade.

Apesar de extensa, vale a pena verificar os outros exemplos que Libâneo (1998a, p. 57) apresenta para demonstrar que a ampliação das ações pedagógicas tem nos colocado diante de uma sociedade pedagógica:

> Está se acentuando o poder pedagógico dos meios de comunicação: televisão, imprensa escrita, rádio, revistas, quadrinhos. A mídia especializa-se em formar opinião e modificar atitudes, não apenas no campo

econômico e político mas, especialmente, no campo moral. Vemos diariamente a veiculação, a disseminação de saberes e modos de agir, por meio de programas, vinhetas e chamadas sobre educação ambiental, AIDS, drogas, saúde. Há práticas pedagógicas nos jornais, nas rádios, na produção de material informativo, como livros didáticos e paradidáticos, enciclopédias, guias de turismo, mapas, vídeos, revistas; na criação e elaboração de jogos, brinquedos; nas empresas, há atividades de supervisão do trabalho, orientação de estagiários, formação profissional em serviço. Desenvolvem-se em todo lugar iniciativas de formação continuada nas escolas, nas indústrias. As administrações municipais e outras instituições até agora à margem do mundo pedagógico, como empresas, meio de comunicação, museus, bibliotecas, vêm colocando, entre seus objetivos, estratégias pedagógicas.

É justamente diante dessa expansão do campo da Pedagogia que se coloca a necessidade de adjetivá-la de escolar quando ela se volta para a educação que ocorre nas escolas. Ou seja, se tempos atrás falar em Pedagogia reportava-nos diretamente à educação escolarizada, na contemporaneidade isso já não ocorre ou não deveria ocorrer. Daí a expressão pedagogia escolar circunscrever, na atualidade, o campo de estudo original da Pedagogia — a educação escolar.

Assim, por extensão do conceito de Pedagogia visto anteriormente, a pedagogia escolar constitui-se como campo de conhecimento sobre e na educação escolarizada.

O pedagogo escolar

Em relação ao pedagogo escolar, é importante recuperar inicialmente o que já foi anunciado no final do primeiro capítulo: que a Pedagogia, ao tratar de um conhecimento da e para a prática educacional, manifesta-se na ação do agente educativo. No caso da pedagogia escolar, esse agente é o pedagogo escolar. Entretanto, 'esse' pedagogo, ou 'qualquer' pedagogo, ou ainda nenhum 'conjunto de pedagogos', materializa todo o conhecimento da pedagogia escolar. Ou seja, não existe uma correspondência linear ou completa entre a Pedagogia e o pedagogo. Por outro lado, todo o campo de conhecimento produzido pela pedagogia escolar só tem sentido ao manifestar-se, de diferentes maneiras, nas ações dos diferentes educadores. Essas diferenças que marcam as ações singulares de *cada* pedagogo escolar expressam organicamente a combinação de fragmentos das teorias pedagógicas e de outras teorias científicas com os saberes da experiência, do senso comum pedagógico, da imaginação, da estética, da sensibilidade, dos valores.

A partir dessa consideração inicial é que podemos dizer que se a pedagogia escolar é o campo de conhecimento sobre e na educação escolarizada, o pedagogo escolar é o educador-estudioso e interventor nessa área da Educação. Em outra pesquisa (Pinto, 2002), já se propunha a denominação de pedagogo escolar aos profissionais do ensino que atuam fora da sala de aula nas funções de coordenação pedagógica, orientação educacional, direção e vice-direção. Essas funções, identificadas como especialistas de ensino a partir da década de 1970, foram alvo de várias críticas, como veremos mais à frente. A proposta da denominação *pedagogo escolar* contempla, assim, dois objetivos. Primeiro, delimitar o campo da atuação do pedagogo que se profissionaliza em educação escolar e tem, na *escola*, o seu lugar de trabalho. O segundo objetivo é dar unidade às funções desarticuladas do trabalho do pedagogo no interior das escolas.

Em relação à sua formação, é importante que o pedagogo escolar, antes de ser um especialista na educação escolarizada, seja um estudioso da educação de um modo geral e que tenha clareza das articulações entre os processos educativos escolares e aqueles que acontecem em outras instâncias sociais. Situação diferente é a do pedagogo que atua em instituições e espaços educativos não escolares — estes não têm que ter, necessariamente, formação especializada em educação escolar.

Portanto, o pedagogo escolar como profissional da Educação, que atua nas escolas, fora da sala de aula, tem de pautar sua ação a partir de uma sólida formação pedagógica. Porém, se a Pedagogia desenvolve-se historicamente a partir dos estudos sobre os processos de ensino e aprendizagem que ocorrem *na* sala de aula, pode parecer desnecessário exigir do profissional que atuará *fora* da sala de aula sólida formação pedagógica. Porém, o entendimento de que a Pedagogia desenvolve-se a partir do exercício da docência não implica em reduzi-la a essa esfera do pedagógico. Ou seja, mesmo considerando "que o sentido mais genuíno da educação trata das ações dos professores que têm como destinatários diretos os estudantes, e que essa forma de realizar a educação foi fundamental na geração histórica dos usos práticos que compõem a tradição da pedagogia" (Sacristán, 1999, p. 30), o presente estudo compreende que nas escolas ocorrem inúmeras práticas educativas que não se reduzem às práticas de ensino e aprendizagem desenvolvidas em sala de aula entre professores e alunos e que o trabalho escolar, conforme Vasconcellos (2006, p. 71),

- vai além do trabalho de cada professor, individualmente considerado; tem uma dimensão coletiva;
- vai além da sala de aula; não basta cada professor ter seu projeto de trabalho; há um projeto maior, que inclui o didático-pedagógico, mas o ultrapassa (visão de pessoa, sociedade, educação);
- vai além da mera administração; deve estar voltado para a mudança, para a reflexão crítica sobre a prática, tendo em vista seu aperfeiçoamento, a superação das contradições.

Mesmo as práticas educativas da sala de aula são mediadas o tempo todo por práticas que ocorrem em outros espaços da escola e expressam a organização escolar do entorno da sala de aula. Como argumenta Sacristán (1999, p. 30):

> [...] tampouco todo o tempo da escolarização é preenchida com atividades de interação entre professores e estudantes [...]. [...] o trabalho do docente incorpora atividades diversas entre as que são fundamentais

relacionadas com os alunos, e, reciprocamente nem toda a atividade dos alunos consiste em interagir com os professores. A "prática" que é desenvolvida nas escolas é ampla em obrigações, assim como o ofício de professor é complexo, compreendendo outras atividades além de desenvolver ações de ensinar no sentido estrito, isto é, nem toda prática dos professores é ocupada pelas atividades de ensino, *nem tudo no ensino necessita de professores*. (Grifos meus)

Assim, o profissional de ensino que dá suporte ao trabalho docente deve ter domínio dos procedimentos que envolvem o processo de ensino e aprendizagem que acontece formalmente na sala de aula, mas do mesmo modo deve ter domínio dos demais procedimentos que envolvem a totalidade das atividades educativas que ocorrem em toda a escola e que estão direta ou indiretamente relacionadas com as práticas educativas da sala de aula.

Portanto, os processos formativos do pedagogo escolar constituem-se fundamentalmente do conhecimento produzido no campo da Pedagogia, iniciam-se na esfera da docência e vão se ampliando cada vez mais, extrapolando-a, incorporando as demais práticas educativas escolares e não escolares e articulando-as entre si.

Nessa perspectiva, o pedagogo participa dos processos educativos escolares em dois níveis diferentes. Inicialmente, ele participa dos processos de ensino e aprendizagem conduzidos pelos professores em sala de aula. Nesse nível de atuação, sua intervenção é de mediação — ao subsidiar as atividades docentes e discentes que ali ocorrem. Porém, o pedagogo escolar participa também dos processos educativos que se manifestam fora da sala de aula. Nos outros espaços escolares, sua atuação pode mesmo ser de forma indireta: ao orientar, por exemplo, os demais funcionários da escola (faxineira, bibliotecária, secretária, merendeira) sobre a dimensão educativa do trabalho que desenvolvem junto aos alunos, mas é também uma ação educativa direta quando atende e orienta alunos e pais de alunos.

Desse modo, se o professor reporta-se ao conhecimento pedagógico como esclarecimento racional para sua ação docente, o pedagogo reporta-se duplamente a ele: primeiro, para mediar a prática educativa que ocorre na sala de aula entre professores e alunos e, segundo, para sua atuação direta junto aos alunos e pais ou os próprios professores.

A previsibilidade nas ações educativas

Há também a diferença na maneira como professores e pedagogos recorrem ao conhecimento pedagógico em relação ao grau de *previsibilidade* de suas ações educativas.

Como já vimos, os saberes pedagógicos produzidos na prática e que se voltam para a prática educacional são carregados de teorias pedagógicas sistematizadas anteriormente. O professor em uma situação de ensino está sempre provido de intenções, orientações e procedimentos marcados por diferentes referências teóricas, diferente das práticas educativas do dia a dia em que não organizamos sistematicamente nossas ações. Ou seja, a intervenção do professor é planejada. Como prática educativa intencionalizada, o exercício da docência, embora mobilize diferentes saberes no momento da ação, prima pela organização prévia de um conjunto de elementos que orientam essa ação. Esses elementos são os componentes fundamentais do processo de ensino e aprendizagem: os objetivos, os conteúdos programáticos, os procedimentos didáticos e avaliativos. Desse modo, a prática docente — diferente de outras práticas educativas — imprime sua intencionalidade na planificação do seu trabalho. Ao planejar sua intervenção educativa, o professor utiliza uma série de saberes ao articular, simultaneamente, os fins do ensino com os conteúdos e os procedimentos didáticos condizentes.

A aula é, portanto, um evento pedagógico que pode e deveria sempre ser planejada. O professor ao planejar sua aula prevê objetivos, conteúdos e procedimentos, de modo que ela transcorra sob sua orientação. Entretanto, cada aula é uma situação de ensino,[7] pois é marcada

---

7. A expressão "situação de ensino" foi introduzida no campo da Didática em contraposição à ideia predominante do ensino na perspectiva da racionalidade técnica: a crença e prática de

por várias interações sociais (professores/alunos; alunos/alunos) e mediadas pelo conhecimento escolar. Como situação de ensino, a aula é marcada por um grau de *imprevisibilidade*, próprio das interações pessoais, o que explica a necessidade do replanejamento de ensino.

De modo diferente, a intervenção do pedagogo escolar (do diretor, do coordenador pedagógico) nem sempre é planificada. Ele mobiliza os saberes pedagógicos em situações educativas nem sempre formais que surgem no dia a dia do cotidiano escolar. Embora participe de situações educativas formais como, por exemplo, coordenar uma reunião — que permite uma intervenção mais planejada —, o fato é que a maior parte de suas intervenções educativas ocorre em situações menos formais.

Nesse sentido, o trabalho do pedagogo escolar difere do exercício da docência por seu alto grau de imprevisibilidade. O pedagogo atua a partir de posicionamentos e decisões que deve tomar em situações educativas específicas e muitas vezes imprevistas. Por não serem únicas, elas não podem ser enfrentadas exclusivamente por um conhecimento previamente produzido. Ao intervir nessas situações, o pedagogo escolar recorre ao conhecimento pedagógico já sistematizado e aos saberes da sua experiência como educador. O que caracteriza sua prática é a capacidade de posicionar-se em uma situação concreta que nem sempre pode ser prevista. Capacidade esta marcada por sua clareza nas finalidades da educação escolar — que constituem o horizonte de sua ação, ainda que imprevisível.

Essa diferença entre o grau de previsibilidade das ações docentes e as ações educativas dos pedagogos escolares é um dos motivos da exigência de um domínio maior dos conhecimentos pedagógicos por parte dos pedagogos em relação aos professores. Ou seja, o domínio sobre o conhecimento pedagógico, para mobilizar os saberes necessários ao intervir numa situação educativa imprevista, deve ser maior do que aquele necessário para intervir numa situação de ensino programada, como é o caso da aula.

---

desenvolver as mesmas aulas em diferentes contextos. Entretanto, esse entendimento não deve negar a importância do planejamento de ensino.

A TRADIÇÃO HISTÓRICA DE ATUAÇÃO DOS PEDAGOGOS NAS ESCOLAS BRASILEIRAS

Como já foi mencionado anteriormente, o educador-profissional que identificamos por *pedagogo escolar* é aquele que na tradição brasileira do sistema de ensino tem ocupado nas escolas as funções de coordenador pedagógico, orientador educacional ou diretor escolar. Essas funções do pedagogo no interior das unidades escolares tiveram trajetórias diferentes no ensino do país, de acordo com as legislações específicas que implementaram os diferentes quadros de magistério em âmbito estadual e municipal. De qualquer modo, seguiram, interpretaram e se adaptaram aos dispositivos legais emanados pelo governo federal ao longo do tempo. A seguir, será desenvolvida uma breve apresentação do percurso histórico dessas funções do pedagogo escolar no Brasil, com o objetivo de localizar as críticas a que foram submetidas e as dificuldades de garantir a esses profissionais, na atualidade, uma formação adequada que os qualifiquem efetivamente como pedagogos escolares.

A coordenação pedagógica

A função de coordenação pedagógica nas escolas é marcada por um conjunto de expressões para designar o mesmo trabalho desenvolvido pelo pedagogo ao acompanhar as atividades do corpo docente. São elas: supervisão pedagógica, supervisão escolar, supervisão educacional, assistência pedagógica e orientação pedagógica. Essa variação na nomenclatura da função, encontrada em diferentes estados e municípios, é ainda mais confusa por corresponder, em muitos lugares, às funções assumidas pelo pedagogo que atua fora das escolas em diferentes instâncias do sistema estadual ou municipal das Secretarias da Educação.

Saviani (2003a, p. 21) identifica já na proposta de ensino dos jesuítas, no início da colonização do país, a gênese da ideia de supervisão educacional presente na figura do "prefeito dos estudos".

[...] a função supervisora é destacada (abstraída) das demais funções educativas e representada na mente como uma tarefa específica para a qual, em consequência, é destinado um agente, também específico, distinto do reitor e dos professores, denominado prefeito dos estudos.

Ao reitor, cabia a direção geral dos colégios da Companhia de Jesus, e ao "prefeito dos estudos", várias funções reguladas por 30 regras. Saviani (2003a, p. 21) dá destaque às seguintes:

A regra n. 1 estabelece que é dever do prefeito "organizar os estudos, orientar e dirigir as aulas, de tal arte que os que as frequentam, façam o maior progresso da virtude, nas boas letras e na ciência, para a maior glória de Deus". A regra n. 5 determina que ao prefeito incumbe lembrar aos professores que devem explicar toda a matéria de modo a esgotar, a cada ano, toda a programação que lhe foi atribuída. A regra n. 17, referente à função de "ouvir e observar os professores", estipula: "de quando em quando, ao menos uma vez por mês, assista às aulas dos professores; leia também, por vezes, os apontamentos dos alunos. Se observar ou ouvir de outrem alguma cousa que mereça advertência, uma vez averiguada, chame a atenção do professor com delicadeza e afabilidade, e, se for mister, leve tudo ao conhecimento do P. Reitor".

A citação acima é extremamente ilustrativa da tradição prescritiva e controladora sobre o exercício da docência herdada pelos coordenadores pedagógicos, em muitos casos, até hoje.

Já no Brasil independente politicamente, o artigo 5º da lei de 15 de outubro de 1827, que institui as escolas de primeiras letras "em todas as cidades, vilas e lugares populosos do Império", determina que os estudos se realizassem de acordo com o "método de Ensino Mútuo". Ainda segundo Saviani (2003a, p. 22):

É interessante notar que no ensino mútuo o professor absorve as funções de docência e também de supervisão. Com efeito, ele instrui os monitores e supervisiona as suas atividades de ensino, assim como a aprendizagem do conjunto dos alunos.

É importante observar que tanto as atribuições do 'prefeito de estudos' da proposta pedagógica dos colégios jesuítas quanto o "método do Ensino Mútuo" na época do Império bem ilustram a função fiscalizadora até hoje atribuída ao trabalho dos coordenadores pedagógicos, como veremos mais à frente. Ainda durante o Império, tornar-se-á recorrente "a ideia de supervisão, postulando-se que essa função seja exercida por agentes específicos" (Saviani, 2003a, p. 22), ou que um dos remédios para contornar a situação deplorável das escolas "teria sido o estabelecimento de uma supervisão permanente" (p. 23).

Já no final do período monárquico, a necessidade de articulação de todos os serviços de Educação numa coordenação nacional colocava em pauta a questão da organização de um sistema nacional de ensino, tendo em vista sua estruturação e implementação.

O início do período republicano é marcado pela reforma da instrução pública paulista que institui o Conselho Superior da Instrução Pública, a Diretoria Geral da Instrução Pública e os Inspetores de Distrito. Saviani (2003a, p. 24) dá destaque à argumentação de Casemiro dos Reis Filho que

> [...] observa "a dominância de atribuições burocráticas sobre as técnico-pedagógicas, nas funções do inspetor". Considera que "a própria definição de fiscalização para suas atividades acarretava prejuízo pedagógico". E conclui que esse defeito parece insanável, levando sempre a um mesmo resultado: "burocratizar a ação educativa e fazer incidir sobre a rotina as preocupações do inspetor, que deveriam ser orientadoras".

Essas observações retratam o conflito, ainda vivido pelos coordenadores pedagógicos, entre atender exigências administrativas e assistir o corpo docente, como veremos nos depoimentos dos professores que participaram desta pesquisa.

Na década de 1920, a criação da Associação Brasileira de Educação marca o surgimento dos profissionais da Educação, com o aparecimento dos técnicos em escolarização, e a criação do Departamento Nacional do Ensino e o Conselho Nacional de Ensino, que começam a reservar em órgãos específicos o tratamento técnico dos assuntos educacionais. Saviani (2003a) argumenta que é no âmbito do Estado que a tendência em separar setores técnico-pedagógicos daqueles especificamente administrativos se manifesta de forma mais clara. Dá destaque à reforma pernambucana de 1928, redigida por Carneiro Leão, que rompe, em seu dizer, "com os velhos moldes de confundir na mesma direção, a parte técnica e a parte administrativa" (p. 26):

> Ora, a separação entre a "parte administrativa" e a "parte técnica" é condição para o surgimento da figura do supervisor como distinta do diretor e também do inspetor. Com efeito, na divisão do trabalho nas escolas [...] cabe ao diretor a "parte administrativa", ficando o supervisor com a "parte técnica". (p. 26)

Essa divisão de funções administrativas para os diretores e de funções pedagógicas para os coordenadores pedagógicos também continua perdurando nas escolas brasileiras, conforme veremos posteriormente.

Outro marco importante no percurso histórico da profissionalização técnica dos especialistas em Educação é a divulgação do Manifesto dos Pioneiros da Educação Nova, em 1932, que postula:

> [...] os trabalhos científicos no ramo da educação já nos faziam sentir, em toda a sua força reconstrutora, o axioma de que se pode ser tão científico no estudo e na resolução dos problemas educativos, como nos da engenharia e das finanças. (Manifesto apud Saviani, 2003a, p. 27)

Como vimos no primeiro capítulo deste trabalho, já data dessa época os primeiros autores brasileiros referindo-se à Pedagogia como Ciência da Educação. O ideário escolanovista tem papel fundamental nessa difusão do caráter científico da educação. Para os pioneiros, a contribuição das ciências é decisiva para dotar de racionalidade os serviços educacionais. Daí uma incidência maior da importância das ciências sobre os meios que elas podem proporcionar, tendo em vista a eficiência do processo educativo.

E é exatamente num contexto de maior valorização dos meios na organização dos serviços educacionais, tendo em vista a racionalização do trabalho educativo, que ganham relevância os técnicos, também chamados de especialistas em educação, entre eles, o supervisor. (Saviani, 2003a, p. 27)

No entanto, é com a criação do curso de Pedagogia, em 1939, que se fará legalmente referência à formação dos especialistas em educação. A incumbência do referido curso é formar professores das disciplinas específicas do Curso Normal, assim como os técnicos em educação:

> A categoria 'técnicos de educação' tinha, aí, um sentido genérico. Em verdade, os cursos de Pedagogia formavam pedagogos, e estes eram os técnicos ou especialistas em educação. O significado de "técnico da educação" coincidia, então, com o 'pedagogo generalista', e assim permaneceu [...] até os anos 60. (Saviani, 2003a, p. 28-29)

Outro momento importante a ser destacado no que se refere ao preparo dos supervisores escolares, já sob a influência norte-americana, ocorre no período compreendido entre 1957 e 1963, mediante cursos promovidos pelo Programa Americano-Brasileiro de Assistência ao Ensino Elementar (PABAEE), que foi responsável pela formação de supervisores para atuarem no ensino elementar brasileiro, com vistas à modernização do ensino e ao preparo do professor leigo. A formação desses supervisores escolares seguiu o modelo de educação americano que enfatizava os métodos e técnicas de ensino (Lima, 2001).

Em 1969, com a promulgação do Parecer n. 252 do então Conselho Federal de Educação, a Supervisão Escolar passa a ser oferecida como habilitação do curso de Pedagogia, então reformulado. Saviani (apud Lima, 2001, p. 73) afirma:

> [...] como as demais habilitações educacionais criadas e oficialmente institucionalizadas na educação brasileira, a partir da regulamentação da Lei n. 5.540/68, a supervisão escolar passa a ter sua formação em cursos de graduação, sendo processada a partir da linha em que se davam os cursos promovidos pelo Pabaee e Pamb. Isto é, fundamentalmente

nos pressupostos da pedagogia tecnicista — que se apoia na neutralidade científica e se inspira nos princípios da racionalidade, eficácia e produtividade do sistema.

Ainda segundo o autor, é com o Parecer n. 252/69 que se dá a tentativa mais radical de se profissionalizar a função do supervisor educacional. Entretanto, mantém-se a dubiedade, referida inicialmente, sobre a distinção entre a Inspeção Escolar e a Supervisão Escolar no que se refere ao território de atuação desse profissional, ora atuando nas unidades escolares, ora em outras instâncias das Secretarias da Educação.

A orientação educacional

A orientação educacional foi oficialmente introduzida no país em 1942, na Lei Orgânica do Ensino Secundário. Desde sua criação, foi prevista como um serviço educacional a ser desenvolvido nas escolas junto aos alunos. Inicialmente voltada para a área de orientação vocacional, posteriormente foi ampliando suas áreas de atuação para orientação de estudos, orientação sexual, orientação familiar e outras atividades que atendessem às demandas do corpo discente.

Sobre a formação do orientador educacional, constava na referida lei que deveria ser feita em cursos apropriados de nível superior. Em 1961, com a LDBEN (n. 4.024), a formação desse profissional é reorientada para ser oferecida em nível de Pós-Graduação aos licenciados nos cursos de Pedagogia, Filosofia, Psicologia, Ciências Sociais ou Educação Física, e também aos Inspetores Federais de Ensino.

Essa estruturação do curso de formação do orientador educacional é mantida até 1969, quando o Parecer n. 252 do MEC transforma-o, juntamente com os outros cursos que formavam os demais especialistas de ensino, em habilitação do novo curso de Pedagogia. É importante destacar que a orientação educacional foi a única profissão dos especialistas de ensino regulamentada por Lei (n. 5.564, de 21/12/1968).

A administração escolar

A administração educacional é certamente a área da atuação mais tradicional dos especialistas de ensino, principalmente "quando a encaramos em sentido amplo, identificando-a com a figura clássica do *diretor* que tudo fazia numa escola de proporções sempre reduzidas" (Chagas, 1976, p. 113). Valnir Chagas argumenta que, à medida que cresce a rede de estabelecimentos de ensino, impunha-se a necessidade de um maior controle do Poder Público sobre ela. É importante observar esse vínculo da administração educacional (à semelhança do que já constatamos na coordenação pedagógica) com o controle do ensino. Do mesmo modo, aparecia explícito o entendimento da docência como um exercício prescritivo. Lourenço Filho (1970), adaptando um estudo de Moehlmann, ilustra bem esse entendimento ao apreciar como deveria ser o relacionamento entre os deveres dos professores e dos diretores de escola. Caberia ao professor, entre outras obrigações:

1. Dar andamento aos programas de ensino, atendidas as instruções metodológicas e padrões de rendimento, quer em relação a objetivos imediatos, quer mediatos, na classe que lhe esteja entregue.
2. Executar as diretrizes gerais que lhe transmita o diretor, complementando-as, no que deva, a fim de assegurar a melhor cooperação dos alunos. (Lourenço Filho, 1970, p. 123)

Por outro lado, em relação a estas obrigações do professor, caberia ao diretor:

1. Estimular o andamento dos programas de ensino, a execução de instruções metodológicas e a compreensão dos padrões de rendimento, superintendendo-os em todas as classes;
2. Interpretar e fazer executar as diretrizes assentadas pela mais alta administração, adaptando-as ao trabalho dos mestres e alunos da escola. (Lourenço Filho, 1970, p. 123)

Nagle (1974), ao apresentar as iniciativas e reformas dos estados brasileiros e do Distrito Federal na década de 1920 na área educacional, afirma que esse período é marcado por um intenso esforço para a estruturação dos órgãos da administração escolar. Assim, a transformação de "antigas Inspetorias em Diretorias Gerais vai mostrar os sinais mais evidentes da tentativa para submeter os serviços educacionais a uma direção eficaz, do ponto de vista burocrático e administrativo" (p. 201).

O autor cita como exemplo típico dessa transformação a reforma cearense. O seu Regulamento da Instrução Pública explicita bem a concepção dessa estruturação dos órgãos escolares em vários dos seus artigos:

> Os professores, diretores, inspetores e demais funcionários da instrução primária não poderão, em matéria referente ao andamento do ensino público, manter correspondência com o Governo, senão por intermédio da Diretoria Geral, sob pena de censura, e, na reincidência, de suspensão até 30 dias [...]. [...] o esforço foi para enquadrar na estrutura administrativa as relações que se estabelecem entre o pessoal encarregado das tarefas fiscalizadoras e educativas, nas diferentes modalidades [...], processo amplo de normalização da vida escolar nos diversos setores, como se pode notar pela especificação das normas sobre as competências do Diretor Geral ou dos inspetores regionais, as regras a serem observadas pelos diretores de grupos escolares, as normas de escrituração escolar ou os *deveres dos professores*. (Nagle, 1974, p. 202; grifos meus)

Como podemos constatar, o entendimento do trabalho do diretor como um controlador do ensino, de acordo com os princípios da racionalidade técnica, faz-se presente há tempos nos serviços de administração educacional no país, antecedendo as ideias da pedagogia tecnicista na década de 1970, como será discutido posteriormente.

Por outro lado, é relevante observar outra questão, até hoje debatida entre nós, que se fazia presente entre os pensadores da Escola Nova. Trata-se do tipo de abordagem do campo de estudo da administração escolar. Para tratar das questões referentes à organização e administração escolar, Lourenço Filho (1970, p. 279) assim propõe:

[...] não bastará o conhecimento das disciplinas que habitualmente chamamos de *pedagógicas*, em sentido restrito. Essas consideram aspectos particulares do trabalho didático, certamente que fundamentais, mas insuficientes. A elas terão de juntar-se conhecimentos de outras fontes, relativos a todo o *processo educacional* em sua categoria própria, que é a vida social, e que se desdobra por muitos e variados aspectos.

Isso não significa que a organização e administração escolar, como ampla metodologia, não tenha o seu âmbito próprio, ou que se confunda com esses estudos mais largos. Significa que ela hoje se desenvolve num vasto *domínio interdisciplinar*, o qual por um extremo toca a toda vida social e, por outro, às formas operativas, aos procedimentos técnicos, [...], os das situações de cada classe de ensino, até os de mais ampla conjuntura, em cada escola, circunscrição ou sistema.

Ou seja, a preocupação em explicitar que existe um campo de conhecimento pedagógico, que ultrapassa os processos de ensino e aprendizagem em sala de aula, e como apreendê-lo já estava presente no pensamento de Lourenço Filho (1970), do mesmo modo que o encaminhamento prático das seguintes questões:

Que elementos já existem em nosso país para elucidação dos grandes aspectos da vida social a que os serviços escolares deverão atender, como conjunto?...
Como se formam e se recrutam os organizadores e administradores escolares, e que oportunidades se oferecem a homens e mulheres que, a tais atividades, queiram consagrar-se? (p. 280)

Em relação ao primeiro questionamento do autor, parece-me que avançamos bastante nas últimas décadas com os estudos e pesquisas sobre as relações entre as demandas sociais e os serviços escolares, embora não estejam de modo algum resolvidas, como analisamos no segundo capítulo do presente trabalho. Entretanto, a segunda questão de Lourenço Filho traduz precisamente pelo menos parte do objeto de investigação desta pesquisa e, portanto, evidencia que ainda não foi resolvida.

Para concluir sobre a situação do ensino de administração escolar, antes de compor com as demais habilitações o curso de Pedagogia reformulado pelo Parecer n. 252/69, Lourenço Filho (1970) assim sintetiza os diferentes níveis e lugares em que ocorria: formação regular de administradores escolares para o ensino primário, nos Institutos de Educação; de bacharéis e licenciados em Pedagogia, nas Faculdades de Filosofia destinados à formação de técnicos de educação, carreira existente no Ministério da Educação; de especialização e aperfeiçoamento, em diferentes cursos do Instituto Nacional de Estudos e Pesquisas Educacionais Anísio Teixeira (INEP); e, por fim, a formação de especialistas em Educação para a América Latina, no Centro Regional de Pesquisas Educacionais do INEP em São Paulo.

Assim pulverizado, o ensino de administração educacional passa a centralizar-se na forma de uma habilitação do curso de Pedagogia, a partir de 1969.

A CRÍTICA AOS ESPECIALISTAS DE ENSINO

O Parecer n. 252, de 1969, do Conselho Federal de Educação regulamenta o curso de Pedagogia de acordo com os princípios da Lei n. 5.540/68 — a Lei da Reforma Universitária — que, juntamente com a Lei n. 5.692/71, reorganiza o ensino brasileiro, adequando-o ao regime decorrente do golpe militar de 1964.

O governo militar implanta no país uma ideologia política para garantir a expansão do modelo econômico de industrialização voltado aos interesses do capital estrangeiro. O procedimento adotado, de acordo com Saviani (1999, p. 82), é o de uma "democracia excludente", viabilizada por um "autoritarismo desmobilizador", à medida que opera "a exclusão deliberada e sistemática de amplos setores da sociedade civil do processo político [...], procedendo a cassações, intervenções em órgãos representativos, extinção dos mesmos, execuções e banimentos de cidadãos brasileiros".

Ao mesmo tempo em que o governo militar adota essa ideologia política de ajustamento ao modelo econômico, adota também uma ideologia tecnocrática que se manifesta de forma mais incisiva sobre as reformas educacionais implementadas e, consequentemente, na adequação do curso de Pedagogia de acordo com os princípios tecnocráticos.

A ideologia tecnocrática compreende a educação escolar como um instrumento de aceleração do desenvolvimento econômico e do progresso social. Para que a educação atinja esse objetivo, é necessário torná-la objetiva, racional, de modo a garantir sua eficiência tal como ocorre no setor empresarial. Desse modo, os princípios da racionalidade e eficiência são transportados do setor econômico para o educacional, buscando garantir a produtividade do sistema de ensino.

A finalidade de aumentar a produção do setor educacional apoiava-se na intenção de consolidar um modelo de desenvolvimento assentado estritamente no aspecto econômico, no qual a oferta da Educação ficava condicionada às necessidades do sistema produtivo. Essa intencionalidade pode ser identificada no Plano Decenal de Desenvolvimento Econômico e Social, elaborado para o período 1967-1977, conforme referencia Brzezinski (1996, p. 66). Suas diretrizes apontavam a Educação como o setor que deveria permitir "a consolidação da estrutura do capital humano do país de modo a acelerar o processo de desenvolvimento econômico".

Os princípios dessa ideologia tecnocrática se manifesta não somente na Lei da Reforma Universitária, mas de um modo explícito no Parecer n. 252/69. Esse parecer muda estruturalmente o curso de Pedagogia, introduzindo um núcleo de formação básica e uma parte diversificada em habilitações específicas para a formação de profissionais não-docentes da área do magistério, que passam a ser chamados de especialistas da Educação. Trata-se daqueles profissionais responsáveis pelas especialidades que já se haviam firmado a partir dos anos 1930: orientação educacional, supervisão, administração e inspeção escolar. Além da formação desses especialistas da Educação, o parecer previa também uma habilitação para formar o professor do ensino das disciplinas e atividades práticas do curso Normal, que passou a ser conhecida como habilitação para o magistério. O Parecer n. 252 previa ainda a criação de outras habilitações desde que as instituições as julgassem necessárias.

Assim reformulado, o curso de Pedagogia passou a formar o professor que iria preparar o professor responsável, por sua vez, pelas crianças no início da escolarização e, além disso, pelos especialistas de ensino.

Essa organização do curso para a formação de profissionais do ensino evidencia que não há uma proposta de formação constituída *a priori*, a-historicamente, mas diferentes propostas que se estruturam a partir de determinadas concepções de educação e de sociedade, em cada momento de desenvolvimento das forças produtivas. O perfil do profissional de ensino acaba sendo submetido a determinadas configurações que são oriundas do mundo do trabalho e das relações concretas que se estruturam em cada contexto histórico. O projeto de formação de profissionais de ensino bem como sua materialização em leis, decretos e cursos são determinados pelas correlações de força que se põem em cada etapa histórica. O perfil "especialista de ensino", nesse sentido, está referido ao contexto tecnicista em que a formação era pensada. A concepção pedagógica dominante era centrada na divisão social e técnica do trabalho que tinha como referência a perspectiva empresarial do taylorismo/fordismo. Esta colocava a organização tendo como base as unidades fabris, uma estrutura vertical de gestão hierarquizada na qual o técnico ocupava um lugar privilegiado na difusão da racionalidade formal e técnica. A base paradigmática era a separação entre pensamento e ação. Esse tipo de pedagogo era formado numa abordagem que em alguns momentos dava ênfase ao conteúdo e, em outros, à prática, sem nunca chegar a uma síntese. Até mesmo as figuras de diretor, supervisor escolar etc. foram definidas a partir do modelo empresarial.

A introdução das habilitações no curso de Pedagogia ocorre, portanto, com a difusão no meio educacional brasileiro das ideias da pedagogia tecnicista[8].

No limite, o anseio da pedagogia tecnicista era garantir a eficiência e a produtividade do processo educativo. E isso seria obtido por meio da racionalização que envolvia o planejamento do processo sob o controle de técnicos supostamente habilitados, passando os professores a plano secundário, isto é, subordinando-os à organização "racional" dos meios [...]. [...] o que se buscou foi aplicar a 'taylorização' ao trabalho pedagógico, visando à sua objetivação por meio da divisão técnica do trabalho e parcelamento das tarefas, tal como fizera Taylor em relação ao trabalho industrial. (Saviani, 2003a, p. 30)

O curso de Pedagogia, então organizado em torno das habilitações, teria o papel de formar os técnicos requeridos pelo processo de objetivação do trabalho pedagógico que se implantava no sistema de ensino brasileiro.

À medida que os cursos de Pedagogia eram reestruturados de acordo com o Parecer n. 252/69, foram surgindo questionamentos em torno dessa nova estrutura curricular, sobre a pretensa neutralidade com que se pretendia justificar o caráter técnico da Educação. Por extensão, denunciava-se a atuação dos especialistas de ensino por não ser neutra e acobertar seu sentido político. Porém, as maiores críticas foram, ao longo das décadas seguintes, direcionadas e concentradas nas habilitações do curso.

Criticava-se que o pedagogo egresso das diferentes habilitações tinha uma visão fragmentada do seu trabalho nas escolas: o orientador educacional só via o aluno, o coordenador pedagógico só via o professor e o diretor só via a parte administrativa da escola.

Em que pese a procedência dessas críticas, no meu entender, elas foram superdimensionadas e, sem ter essa intenção inicial, contribuí-

---

8. Pedagogia Tecnicista é a denominação utilizada por Saviani (1984) para identificar essa concepção de ensino assumida oficialmente pelo aparelho do Estado brasileiro no período militar.

ram para subtrair do pedagogo o direito de ser o especialista, sim, da área educacional.

CRÍTICA À CRÍTICA DOS ESPECIALISTAS DE ENSINO

Kuenzer (2002b), ao analisar a possibilidade da unidade no trabalho pedagógico, afirma que a primeira discussão necessária é sobre a própria natureza do trabalho no sistema capitalista. Segundo a autora, de modo geral:

> [...] as análises que têm sido feitas sobre essa questão, por carecerem de precisão, conduzem a simplificações que dificultam o enfrentamento da fragmentação do trabalho escolar, não permitem a clara percepção de suas contradições e, em decorrência, de sua dimensão ao mesmo tempo conservadora e transformadora. (p. 47)

A partir dessa consideração, Kuenzer (2002b) apresenta três assertivas com o objetivo de analisar a origem da divisão social do trabalho escolar na sociedade capitalista e os limites de sua superação ainda sob esse modo de produção:

> A divisão do trabalho escolar tem origem na separação entre propriedade dos meios de produção e força de trabalho, e não na divisão técnica do trabalho. (p. 48)

Com essa primeira afirmação, a autora alerta para o equívoco de acreditar-se que a superação da fragmentação do trabalho pedagógico é uma questão técnica e que pode, portanto, ser resolvida com outras formas de organização do trabalho. Ela cita como exemplo o toyotismo que substitui as linhas clássicas de produção, com seus postos e tarefas bem definidas, por células de produção, em que a especialização passa a ser substituída pela multitarefa. Ou, como no caso do trabalho pedagógico nas escolas, "substituindo os especialistas — administrador, supervisor, orientador — pelo pedagogo unitário, profissional multitarefa" (Kuenzer, 2002b, p. 49).

A autora questiona se dessa maneira a escola deixaria de ser capitalista e afirma que não, pois "a mudança no processo de trabalho, que é o meio, não é suficiente para mudar a natureza do processo de valorização do capital, que é o fim" (Kuenzer, 2002b, p. 49). Daí apresenta a segunda assertiva:

> A escola é capitalista porque contribui para a valorização do capital, e não porque o trabalho é fragmentado. (p. 49)

A contribuição da escola na manutenção do sistema capitalista não é marcada pela divisão social do trabalho em seu interior, mas sim pelo disciplinamento para a vida social e produtiva de seus alunos. Por meio do desenvolvimento das capacidades necessárias ao trabalho e à convivência social, a escola atende à hegemonia do capital, conforme já vimos no primeiro capítulo.

Finalmente, a terceira assertiva que a autora apresenta é assim conclusiva:

> A pedagogia do trabalho capitalista, ou seja, a educação pela e para a fragmentação, inscreve-se no quadro mais amplo das relações hegemônicas; sua superação só irá ocorrer através da destruição das condições que produzem a fragmentação, ou seja, do processo de valorização do capital; jamais através da escola. (p. 51)

De modo que a fragmentação do trabalho pedagógico só será possível quando for superada a contradição entre a propriedade dos meios de produção e a força de trabalho. Dessa maneira, o caminho de superação dessas contradições deve ser percorrido no âmbito de uma pedagogia progressista, de princípios socialistas. Do contrário, como alerta Kuenzer (2002b), a ampliação do trabalho dos pedagogos pode simplesmente corresponder à substituição do trabalhador especializado nos moldes do taylorismo/fordismo (o orientador educacional, o coordenador pedagógico, o diretor de escola) pelo trabalhador multitarefa (o pedagogo especialista), nem sempre criativo e autônomo, mas simples tarefeiro, de formação estritamente técnica, sem compromisso político com a transformação. Melhor dizendo, um trabalhador formal, subsumido pelo capital, como no toyotismo:

> Por isso não basta a unificação no âmbito da formação; é preciso que esta se dê a partir das categorias que historicamente têm se construído no campo da pedagogia emancipatória, articulada às demais formas de destruição das condições materiais que geram a exclusão. (Kuenzer, 2002b, p. 55)

A esse respeito, é importante lembrar que foi no campo das teorias progressistas em educação que teve início, no começo da década de 1980, as críticas aos especialistas de ensino. Entretanto, a difusão dessas críticas, principalmente a partir dos anos 1990, acontece já na esfera das ideias e das reformas neoliberais de ensino. Ou seja, com o refluxo das ideias socialistas nas duas últimas décadas e o consequente refluxo das pedagogias progressistas, parece-me que a defesa do pedagogo generalista vai mais ao encontro dos princípios do toyotismo do que dos princípios socialistas que constituíram originalmente a sua defesa.

Por outro lado, as críticas aos especialistas de ensino ficaram reduzidas à questão das habilitações do curso de Pedagogia. E, como vimos, o motivo determinante das críticas era o modelo de organização do sistema de ensino e do trabalho pedagógico nas escolas sob os princípios da pedagogia tecnicista, adotada pelo governo militar. Desse modo, essas mesmas críticas, ao ficarem centradas na formação inicial do especialista, desconsideraram o contexto institucional em que trabalhava e que, portanto, também o formava.

Em que pese a deficiência de estruturação do curso de formação inicial de um profissional do ensino, o contexto institucional em que ele atuará, muitas vezes, é o que mais determina sua ação pedagógica. Um pedagogo formado em um curso de quatro anos, com especialização no último ano, se for trabalhar em uma escola com um Projeto Político Pedagógico (PPP) consolidado numa gestão democrático-participativa, atuará mais de acordo com a proposta pedagógica da escola do que em função dos princípios norteadores da habilitação cursada em sua formação inicial.

Outro aspecto ainda a ser considerado é que a divisão do trabalho nas escolas já estava presente antes do Parecer n. 252/69, conforme vimos no histórico da coordenação pedagógica, orientação educacional e administração escolar no país. Essas diferentes áreas de atuação do especialista de ensino já tinham uma incipiente tradição e relativa independência entre elas no meio educacional brasileiro. O que ocorreu a partir da predominância das ideias da pedagogia tecnicista, com o governo militar, foi uma exacerbação da divisão do trabalho pedagógico em função da racionalidade técnica e do autoritarismo predominante na época.

Partindo dessas considerações, podemos identificar o pedagogo escolar como o especialista em educação escolarizada sem a conotação da especialização sugerida pelo princípio taylorista/fordista, que desdobra sucessivamente a fragmentação social do trabalho, perdendo a visão do todo. Fragmentação esta, cabe lembrar, que não é somente do trabalho técnico, mas principalmente do poder político estabelecido nas relações sociais em torno da produção.

Ademais, por que somente os pedagogos não podem ser especialistas? Exige-se, cada vez mais, que o professor das séries iniciais seja especialista em Educação Infantil ou na docência do 1º ao 5º ano do Ensino Fundamental. Do professor do 6º ano em diante do Ensino Fundamental e também do Médio sempre se exigiu que fosse especialista em matemática, história, química etc. e atualmente ainda exigimos que ele seja especialista na docência dessas diferentes disciplinas. E o pedagogo? Somente ele não pode ser especialista, pois reforça a divisão social do trabalho na sociedade capitalista? Ou porque sua especialização implica necessariamente na constituição de cargos de mando?

Na verdade, estes argumentos equivocados renegam a pedagogia escolar como campo epistemológico da educação escolarizada que extrapola a área da docência. Portanto, de acordo com as explicações que aparecem no dicionário para o vocábulo "especialista", o pedagogo escolar é a "pessoa que se dedica a um ramo de sua profissão" (Ferreira, 1975, p. 565), no caso, o ramo escolar. Difere dessa maneira da ideia de especialização, que no sentido sociológico refere-se à "diferenciação resultante da divisão do trabalho" (p. 565). Assim, o mais importante na formação — inicial e continuada — do pedagogo escolar é sua especialização em uma proposta educacional comprometida com a promoção humana e a transformação radical da sociedade. Comprometimento este que, ao direcionar sua ação educativa, seja capaz de articular o contexto escolar em que ela ocorre com o contexto mais amplo da sociedade. Desse modo, sua ação pode ser na área de coordenação pedagógica, orientação educacional ou administração escolar, desde que inserida num projeto pedagógico consistente, de trabalho coletivo no interior das escolas.

PERSPECTIVA DE ATUAÇÃO DO PEDAGOGO ESCOLAR A PARTIR DE UMA ABORDAGEM CRÍTICA DA EDUCAÇÃO

Na década de 1980, três teses produzidas sobre os especialistas de ensino deram suporte para reposicionar a atuação desses profissionais nas escolas, a partir das críticas que lhes vinham sendo direcionadas na época. Trata-se das pesquisas desenvolvidas por Silva Jr. (1984), sobre a supervisão escolar, por Paro (1999), abordando a administração escolar, e por Pimenta (1988), sobre a orientação educacional.

Essas pesquisas apresentam dois importantes aspectos em comum, que vão ao encontro dos princípios que o presente trabalho imprime à atuação dos pedagogos escolares.

O primeiro aspecto é que elas são concebidas a partir de uma abordagem crítica da educação que busca apontar a contribuição dos especialistas de ensino na melhoria da qualidade do ensino oferecida às camadas populares, sob o horizonte de transformação radical da sociedade capitalista. O segundo aspecto, relacionado ao primeiro, é o entendimento de que o "especialista não é necessariamente esse agente contrarrevolucionário que parece povoar a imaginação de alguns analistas da educação brasileira" (Silva Jr., 1984, p. 19) e que, portanto, não há necessidade de refutá-lo. Desse modo, essas três pesquisas sobre as áreas de atuação dos especialistas de ensino nas escolas não propõem o fim dessas especializações, mas sim a suas ressignificações a partir da luta contra a seletividade, a discriminação e o rebaixamento do ensino das camadas populares.

Pimenta (1988) apresenta uma proposta de atuação do pedagogo a partir da análise crítica da orientação educacional que vinha se desenvolvendo nas escolas públicas até a primeira metade da década de 1980. A autora justifica que pesquisar a prática da orientação foi o caminho para explicitar a importância do trabalho pedagógico dos especialistas na organização escolar e que

> [...] a escola pública necessita de um profissional denominado pedagogo, pois [...] o fazer pedagógico, que ultrapassa a sala de aula e a determina, configura-se como essencial na busca de novas formas de organizar a escola para que esta seja, efetivamente, democrática. (p. 7)

Para garantir essa organização, o projeto político-pedagógico da escola pública requer da "competência do pedagogo — de um novo pedagogo" (Pimenta, 1988, p. 8). Esse novo pedagogo requerido, então, colocava em pauta a necessidade de rever o papel da escola na sociedade capitalista, buscando-se qual a escola desejável para a reversão da ordem estabelecida e, a partir daí, posicionar a contribuição do orientador educacional. Para tanto, a autora parte, dentre outros, dos seguintes aspectos:

1. como profissional da escola, o orientador atua como educador, junto com os outros;
2. os profissionais, atuando juntos na escola pública, podem fazer com que esta desempenhe papel importante na luta pela transformação social, na medida em que trabalhem para que a escola cumpra a sua especificidade;
3. a especificidade da escola é ensinar e ensinar bem as camadas populares (socialização do conhecimento) que a estão frequentando e que, cada vez em maior quantidade, deverão entrar e permanecer na escola;
4. os profissionais da escola responsáveis em primeira e última instância pela socialização dos conhecimentos aos alunos são

os professores, que atuam em sala de aula. Os profissionais não docentes têm por função assessorar os professores e os alunos na tarefa de ensinar e aprender.

Tendo em vista que a tradição da orientação educacional estava voltada para o atendimento ao aluno e, frequentemente, trabalhava exclusivamente este desconsiderando o contexto do exercício da docência em que ele estava inserido na sala de aula, a proposta da autora focava a atuação do orientador educacional na dimensão pedagógica do ato de ensinar (conteúdo, metodologia, avaliação), privilegiando a transmissão, a apropriação ativa e a reelaboração dos conhecimentos na relação professor/aluno. Essa proposta já destaca

> [...] a necessidade de a escola pública contar nos seus quadros com especialistas (pedagogos) que desempenhem a mediação entre a organização escolar e o trabalho docente de modo a garantir as condições favoráveis à consecução dos objetivos pedagógico-políticos da educação escolar. (Pimenta, 1988, p. 186)

Por outro lado, já avançava em relação à discussão da delimitação de funções entre os especialistas e/ou sua eliminação. Defendia, portanto, a ideia "da escola contar com o trabalho de *pedagogos*, que a ajudem a avançar na sua necessária transformação" (Pimenta, 1988, p. 180). A defesa desses pedagogos ainda continua, depois de mais de vinte anos, na agenda das demandas da Educação Básica no Brasil.

É nesse sentido que defendemos os princípios elaborados nas pesquisas desses autores no que se refere ao papel da escola e do pedagogo no processo de transformação radical da sociedade. Identificamos, em especial, no trabalho de Pimenta (1988), a busca de ressignificar na atualidade a compreensão da pedagogia como "ciência da e para a prática".

E o que deve ser ressignificado? Inicialmente, o significado da escola pública brasileira nos dias atuais. Depois, a perspectiva de atuação do pedagogo escolar, tendo em vista o processo de mudança do paradigma em torno da docência que estamos presenciando.

Como podemos constatar no percurso histórico do trabalho do pedagogo e, em especial, na área da coordenação pedagógica e da administração escolar, ele esteve sempre associado à ideia da docência como atividade prescritiva. E se o exercício docente é entendido como algo que pode ser receitado, ninguém melhor na escola do que o pedagogo para prescrevê-lo, coordená-lo, orientá-lo, administrá-lo. À medida que a docência passa a ser compreendida em "situação de ensino" e o professor passa a ser ator do seu próprio *script*, como foi abordado no primeiro capítulo, muda o papel do pedagogo escolar e cabe a ele se reposicionar dentro da escola.

DEMANDAS DA ESCOLA PÚBLICA CONTEMPORÂNEA

Reivindicar a presença do pedagogo no interior das unidades escolares, assim como ressignificar sua atuação na atualidade, implica em compreender a escola atual em toda sua complexidade. Essa compreensão passa pelo entendimento de suas determinações históricas — como instituição estatal —, interpeladas a todo o tempo pelas demandas e reivindicações sociais em contextos históricos específicos. Em última instância, o significado que a escola assume perante a sociedade deve atender aos anseios dos alunos e responsáveis, mediatizados pela interferência de seus educadores como profissionais do ensino.

Deste modo, busca-se, a seguir, problematizar e analisar o papel da escola na atualidade da sociedade brasileira. A intenção é que, a partir dessa análise, seja possível posicionar a contribuição do pedagogo no atendimento qualitativo nas aprendizagens dos alunos da Educação Básica no Brasil.

A escola como espaço de confronto e convivência da diversidade humana

Uma função essencial que a educação escolar deve incorporar na atualidade é submeter à crítica intelectual os elementos constituintes das diferentes formações culturais. Para tanto, deve analisar inicialmente a cultura imediata de seus alunos, problematizando seus valores, explicitando a historicidade desses valores e, posteriormente, comparando-os com os de outras culturas.

A sala de aula é um espaço privilegiado de confronto e convivência entre os diferentes valores que constituem as diferentes formações culturais e o entendimento desses valores deve ser examinado na história específica de cada formação cultural. Para tanto, esse exame deve ser desenvolvido com a contribuição dos estudos produzidos no campo da História, Geografia, Filosofia, Antropologia. Ou seja, o currículo do Ensino Básico deve incorporar em suas disciplinas esses estudos produzidos nas universidades, nos diferentes campos científicos.

Do mesmo modo, a exclusão dos diferentes segmentos sociais discriminados socialmente deve ser abordada com conteúdos acadêmicos que favoreçam a integração e a análise da realidade que os excluem. Ou seja, do mesmo modo que para os excluídos economicamente é importante o estudo das relações entre o capital e o trabalho, aos excluídos por condição étnica, de gênero ou física, é necessário o estudo do conhecimento científico produzido nas respectivas áreas, que contribua na identificação e análise das práticas sociais racistas, sexistas, homofóbicas... Não basta desenvolver todos esses assuntos na proposta difusa dos temas transversais. Eles devem ser tratados como temas fundamentais e abordados sistematicamente no currículo escolar. A escola imersa na tensão dialética entre reprodução e mudança deve

> [...] utilizar o conhecimento, também social e historicamente construído e condicionado, como ferramenta de análise para compreender, para além das aparências superficiais do *status quo* real — assumido como natural pela ideologia dominante —, o verdadeiro sentido das influências de socialização e os mecanismos explícitos ou disfarçados que se utilizam para sua interiorização pelas novas gerações. (Sacristán e Pérez Gómez, 1998, p. 22)

Sacristán e Pérez Gómez (1998) destacam a evidência de que no mundo das relações sociais, marcado pela presença dos meios de comunicações, a transmissão de informações, valores e concepções ideológicas "cumprem uma função mais próxima da reprodução da cultura dominante do que da reelaboração crítica e reflexiva da mesma" (p. 25). Consideram ingenuidade esperar que as organizações políticas, sindicais, religiosas ou o âmbito da empresa, mercado e propaganda estejam interessados em oferecer as chaves significativas para um debate aberto e racional. Nesse aspecto, concordo com os autores que essas próprias organizações, ao comporem com os meios de comunicações o mundo das relações sociais, podem contribuir mais com a reprodução da cultura dominante do que com a sua superação. Entretanto, no Brasil, temos conhecimento de muitas organizações que desenvolvem um trabalho progressista como instâncias educativas. Ilustra bem essa situação a diversificação do trabalho realizado (educação não formal), nas duas últimas décadas, pelas Organizações Não Governamentais (ONGs).

O pesquisador português Rui Canário (2003, p. 16) destaca as aprendizagens que ocorrem fora da escola da seguinte maneira:

[...] é necessário pensar a escola a partir do não escolar. A experiência mostra que a escola é muito dificilmente modificável a partir de sua própria lógica. A maior parte das aprendizagens significativas realizam-se fora da escola, de modo informal, e será fecundo que a escola possa ser contaminada por essas práticas educativas que, hoje, nos aparecem como portadoras de futuro.

Assim, parece-me profícuo que os profissionais do ensino estejam atentos e acompanhem essas práticas educativas informais e não formais[9] das quais seus alunos participam.

Em nosso país, muitas organizações vinculadas a algumas igrejas desenvolvem um trabalho educativo marcado por princípios de solidariedade humana e cultivo da paz. Outras contribuem com a inclusão social de portadores de necessidades específicas, moradores de rua etc. O problema é que, via de regra, desenvolvem um trabalho educativo

---

9. Para diferenciação dos conceitos de educação formal, informal e não formal, consultar Libâneo (1999).

segmentado. Ao atenderem demandas específicas, comumente contradizem-se em relação à aceitação e à inclusão social da infinita diversidade humana. Podemos exemplificar essa problemática com o caso de muitas ONGs que, voltadas às populações de afrodescendentes, tratam da condição do negro, mas desconsideram a questão de gênero. Por outro lado, temos organizações feministas desenvolvendo trabalho educativo que denuncia práticas sexistas, mas ignoram a questão de classe social e a condição étnica. Outras organizações, ainda, prestam imensa contribuição ao desenvolverem o princípio de solidariedade humana, no que se refere ao atendimento de carências materiais dos enormes contingentes populacionais do país, mas, por outro lado, alimentam e difundem muitas vezes a homofobia, o racismo, o sexismo.

É nesse sentido que a escola se sobressai como instituição educacional. Ela tem a possibilidade de contribuir com uma prática educativa reflexiva sobre as demandas sociais específicas, propiciando um tratamento curricular que favorece a reflexão numa *perspectiva de totalidade*. Entendemos que somente a escola — como instituição social de responsabilidade estatal e sob o poder comunitário — possa cumprir essa função.

Concordamos com Sacristán e Pérez Gómez (1998, p. 25) que para a escola desenvolver esse complexo e conflitante objetivo deve apoiar-se na lógica da diversidade, começando por

> [...] diagnosticar as pré-concepções e interesses com que os indivíduos e os grupos de alunos(as) interpretam a realidade e decidem sua prática. Ao mesmo tempo, deve oferecer o conhecimento público como ferramenta inestimável de análise para facilitar que cada aluno(a) questione, compare e reconstrua suas pré-concepções vulgares, seus interesses e atitudes condicionadas, assim como as pautas de conduta, induzidas pelo marco de seus intercâmbios e relações sociais.

O princípio da laicidade do ensino e a diversidade religiosa

Na perspectiva descrita anteriormente, temos de enfrentar ou aprofundar o debate sobre a laicidade do ensino público. Como sabemos, a defesa do ensino laico surge no contexto histórico de constituição dos sistemas públicos de ensino, em contraposição àquele oferecido pelas escolas de então, sempre vinculado a princípios religiosos. Assim, à medida que as instituições escolares foram firmando-se na contemporaneidade em torno do conhecimento objetivo, foram, ao mesmo tempo, refutando outras formas de conhecimento.

A partir do século XX, esse entendimento de laicidade é fortalecido pelo pensamento positivista, tornando os sistemas públicos de ensino presas fáceis do cientificismo. Em que pese a conquista histórica do ensino público ficar desvinculado dos interesses ideológico-religiosos, o que ocorreu foi a escola tornar-se um lugar em que não se pode oficialmente falar em religião. Ou seja, o ditado popular que diz que "política, religião e futebol não se discute" adentrou-se pelas escolas, tornando-as instituições públicas assépticas a temas controversos. Entretanto, se hoje no país é premente o estudo da história das populações afrodescendentes, por exemplo, é necessário discutir religiões de origem africana. Combater o preconceito racial em nosso país passa necessariamente pelo combate à discriminação social da umbanda e do candomblé.

Por outro lado, o princípio oficial de laicidade do ensino público convive no cotidiano das escolas com as ideias religiosas trazidas tanto pelos alunos quanto pelos professores. A professora Nilda Alves (2003), que orienta pesquisas que buscam compreender o conhecimento tecido nas ações cotidianas de docentes com seus alunos, a partir da base teórico-epistemológica das *redes de conhecimento*, ilustra bem essa questão:

> Nos contatos que mantemos com as professoras, vamos sabendo de um outro tipo de ideia que está trazendo mudanças para dentro da escola, principalmente entre as professoras de primeira à quarta série: são aquelas trazidas pelas religiões pentecostais. A escola está sofrendo a influência desse tipo de organização que vem, por exemplo, da Assembleia de Deus e outras igrejas similares. Isso está entrando de forma muito intensa nesse contexto, ajudando a comprovar a tese de que a escola não está fechada. Não há proteção nenhuma para a entrada des-

sas religiões em determinados grupos, seja via alunos, seja via professoras. (Alves, 2003, p. 89)

É nesse sentido que se faz necessário reexaminar o princípio da laicidade do ensino público. Ensino laico não quer dizer necessariamente o ensino que considera como verdadeiro e acabado somente um tipo de conhecimento — o científico. Ensino laico também pode ser compreendido como o ensino que, descomprometido de filiação ideológica, submete ao debate público diferentes formas de conhecimento, incluindo aí o religioso.

Ainda no caso do Brasil, é necessário o debate público com o pensamento mítico, que é tão presente em nossa tradição histórica como a cosmologia nas populações indígenas atuais.

Pérez Gómez (2001) destaca que essas formas de conhecimento, embora não suportem a análise racional, estão enraizadas na cultura dos grupos humanos que recorrem ao seu refúgio em alguma ocasião, para enfrentar a incerteza e a ansiedade que o mistério e o desconhecido provocam.

> Desconsiderar esta dimensão tão relevante e difundida da espécie humana, por não encaixar nos padrões de análise racional em uso, acredito que deve ser qualificada com toda a propriedade de atitude irracional. (p. 55)

Assim, o mito não deve ser considerado perigoso se não ultrapassa seu território para converter-se em substituto da razão. Do mesmo modo, segundo o autor, as crenças religiosas só podem ser inadmissíveis se perderem sua consciência de formulação mítica e, esquecendo sua origem cultural, se converterem em dogmas, impondo-se a qualquer preço como necessárias e inquestionáveis para o resto dos infiéis.

> O desenvolvimento da razão como abertura requer, a este respeito, a promoção do laicismo não como um tipo de crenças ou de negação

delas, mas como uma forma especial, aberta, tolerante e reflexiva, de ter as crenças próprias, sejam quais forem. (Savater apud Pérez Gómez, 2001, p. 55)

A escola, no uso sistemático do pensamento racional, é um local privilegiado para o desenvolvimento intelectual das crianças, dos jovens ou mesmo dos adultos. Porém, para garantir esse desenvolvimento, é necessário que ela seja tolerante com outras formas de conhecimento, inclusive para submeter ao debate público as ideias dogmáticas que são utilizadas em defesa de interesses privados. Ou seja, não adianta a escola voltar as costas às questões religiosas por conta de seu princípio de laicidade, pois se essas questões estão presentes no cotidiano dos alunos estarão presentes na escola e, assim, devem dialogar com o conhecimento escolar.

Nessa mesma direção, Pérez Gómez (2001, p. 56) destaca a importância de recuperar o debate ideológico nestes tempos de hegemonia do pensamento neoliberal:

> Se a produção ideológica é inevitável e constitutiva do ser humano, como a criação de fantasias, mitos ou sonhos, e influi de forma importante na determinação do pensamento, dos sentimentos e das condutas, *a atitude racional é provocar conscientemente a reflexão sobre elas*, o contraste, a crítica e a reformulação permanente. Os que proclamam, como Fukuyama, o fim das ideologias, não só estão impedindo seu tratamento público e racional como que ao mesmo tempo estão convertendo sua própria ideologia num verdadeiro obstáculo ao desenvolvimento do conhecimento, pois universalizam, de forma irresponsável e dogmática, critérios e interpretações claramente particulares. (Grifos meus)

Essa atitude racional é a grande contribuição que a escola pode oferecer ao provocar conscientemente a reflexão sobre as diferentes formas de conhecimento, sobre os diferentes saberes que os alunos trazem consigo e as relações que estes estabelecem com os saberes escolares — o que os aproximam e o que os distanciam.

O currículo escolar

A ideia de laicidade do ensino custou caro à questão do currículo escolar na contemporaneidade. Por conta da desvinculação entre o ensino e a religião — princípio de origem do ensino laico —, o entendimento de neutralidade do ensino, no caso em relação à religiosidade, foi estendido a outras dimensões do conhecimento veiculado na escola. Essa ideia foi reforçada posteriormente pelo discurso de neutralidade científica presente no pensamento positivista.

Desse modo, ensino laico foi sendo compreendido como o ensino descomprometido de qualquer interesse particular. Entretanto, e de modo contrário, o currículo escolar é constituído historicamente a partir do conhecimento científico produzido por determinados grupos sociais e marcado, portanto, pelos interesses, intenções e condições socioeconômica e cultural dos grupos que o produz.

A denúncia desse comprometimento do currículo escolar com os grupos sociais dominantes foi alvo de diferentes teorias críticas produzidas e difundidas no Brasil, principalmente a partir de 1980.

Uma das teorias mais bem sistematizadas e difundidas entre nós foi a Pedagogia Histórico-Crítica. Trata-se de uma proposta pedagógica, articulada aos interesses populares, produzida nos finais dos anos 1970 e início dos 1980 do século XX por um grupo de pesquisadores liderados por Dermeval Saviani.[10] Em termos curriculares, busca superar tanto o conteúdo bancário da escola tradicional, conforme já havia criticado Paulo Freire,[11] quanto a desvalorização dos conteúdos escolares decorrente da difusão das ideias escolanovistas no país. Por outro lado, supera também a visão crítico-reprodutivista[12] que reduz o currículo escolar a um instrumento de inculcação ideológica do Estado.

---

10. O detalhamento da Pedagogia Histórico-Crítica pode ser consultado em Saviani (1984; 2003a).

11. Sobre o conceito de educação bancária, ver Freire (1978).

12. Sobre as teorias crítico-reprodutivistas em educação, consultar Saviani (1984).

A Pedagogia Histórico-Crítica valoriza e ressignifica o papel da escola para as camadas populares. Ela parte do pressuposto de que a apropriação crítica dos conhecimentos produzidos historicamente pela humanidade é um instrumento importante para que as classes populares possam participar, em melhores condições, das lutas sociais que se travam no seio da sociedade capitalista, na perspectiva de construção de outra ordem social — mais democrática, justa e fraterna.

A proposta metodológica da Pedagogia Histórico-Crítica é uma de suas grandes contribuições:

> O ponto de partida (do ensino) seria a *prática social* (primeiro passo), que é comum a professor e alunos. [...] O segundo passo [...] chamemos [...] de problematização. Trata-se de detectar que questões precisam ser resolvidas no âmbito da prática social e, em consequência, que conhecimentos é necessário dominar. O terceiro passo [...] trata-se de se apropriar dos instrumentos teóricos e práticos necessários ao equacionamento dos problemas detectados na prática social [...], apropriação pelas camadas populares das ferramentas culturais necessárias à luta social [...] para se libertar das condições de exploração em que vivem.
> O quarto passo [...] chamemos de [...] catarse, entendida na acepção gramsciana de 'elaboração superior da estrutura em superestrutura na consciência dos homens' [...], efetiva incorporação dos instrumentos culturais, transformados agora em elementos ativos de transformação social.
> O quinto passo [...], o ponto de chegada é a própria prática social. (Saviani, 1984, p. 73)

Nessa proposta metodológica de ensino, os conteúdos curriculares serão definidos, portanto, a partir das demandas da prática social. Serão instrumentos teóricos e práticos necessários ao entendimento e às intervenções da e na prática social. Assim, os conteúdos científicos selecionados deverão ser submetidos ao debate público em sala de aula. Respeitando-se, é claro, as diferentes faixas etárias nos diferentes níveis da Educação Básica. A ideia é que os alunos sejam capazes de problematizar e interpretar a realidade imediata em que vivem, articulando-a a outras realidades sociais que, mesmo distantes geograficamente, se aproximam na convivência das relações econômicas globalizadas da atual fase do desenvolvimento capitalista.

Nessa perspectiva, os estudos de Michael W. Apple ampliam a análise do currículo escolar para além da determinação econômica de classe social.

> Apple tem analisado [...] as formas pelas quais o currículo corporifica fundamentalmente um conhecimento oficial que expressa o ponto de vista de grupos socialmente dominantes — em termos de classe, gênero, raça, nação. [...] A educação, o currículo e a pedagogia estão envolvidos numa luta em torno de significados. Esses significados frequentemente expressam o ponto de vista dos grupos dominantes. Com menos frequência, eles são disputados e contestados por pessoas e grupos socialmente subordinados.
>
> O currículo e o conhecimento nele corporificado — científico, artístico, social — expressam claramente uma perspectiva masculina. Eles veiculam significados que tendem a tornar legítima a presente ordem social construída em torno de interesse de classe. As representações e as narrativas contidas no currículo privilegiam os significados, a cultura e o ponto de vista dos grupos raciais e étnicos dominantes. (Silva, 2002, p. 68)

Nesse sentido, constatamos que o currículo escolar ainda tem predominantemente uma origem social (burguesa), um gênero (masculino) e uma etnia (branca). Confrontar as teorias produzidas sob a égide dessa trilogia com a realidade social brasileira é uma das tarefas do ensino básico que tenha como objetivo preparar os alunos para os confrontos ideológicos que se travam em nossa sociedade e se materializam na exclusão social da grande maioria da população. Exclusão social que não é apenas de ordem econômica:

> Há uma compreensão cada vez maior, no âmbito da teorização social crítica, de que as relações de poder atravessam múltiplos eixos. Além das relações de classe, objeto convencional da teorização crítica de inclinação marxista, ganham importância, em termos teóricos e políticos, as relações de imperialismo e dominação entre nações, as relações de su-

bordinação e subjugação entre raças e etnias e as relações assimétricas entre os gêneros. (Silva, 2002, p. 65)

É mais do que urgente que o ensino básico brasileiro trate desses múltiplos eixos que se estabelecem nas relações de poder em nosso país.

Nossa herança histórica é perversa. Desde o início da colonização até os dias atuais, convivemos com relações de poder e exploração mediadas por uma violência física e simbólica desumanas. Temos uma dívida histórica com os povos indígenas e a população de afrodescendentes que é impagável. Entretanto, a reparação possível na atualidade é reverter a situação daqui para frente. Assim, por exemplo, os estudos históricos e geográficos devem priorizar suas abordagens do ponto de vista dos índios e dos negros. Como sabemos, esses grupos junto com os brancos compõem a tríade constituinte da nação brasileira. Entretanto, o currículo escolar continua voltado para o ponto de vista do branco (etnia e gênero) europeu ou norte-americano (imperialismo entre as nações).[13] Assim, diz Silva (2002, p. 67):

> Colocar a discussão e o questionamento das relações sociais e históricas que constroem nossas presentes categorias de divisão e exclusão social não deveria ser um objeto marginal e secundário. [...] esse deveria ser um objetivo central e principal de um currículo crítico e político.

Discutir as relações sociais e históricas que implicam na exclusão social, no caso do Brasil, exige um estudo curricular que analise a ocupação e exploração do solo brasileiro (Ciências Naturais e Geografia) ao longo do tempo (História) que resultou na degradação do meio ambiente e nas diferenças inter-regionais. Ou seja, não basta "folclorizar" as diferenças entre o nordeste e o sudeste como sendo apenas culturais. Daí a centralidade de um currículo crítico e político girar em torno desses temas da realidade brasileira.

---

13. Apesar de a Lei Federal n. 10.639, de 9 de janeiro de 2003, incluir no currículo oficial do Ensino Básico a obrigatoriedade da temática *História e Cultura Afro-Brasileira*, a rede escolar ainda não a absorveu.

Sociedade da informação e escola do conhecimento

Um tema recorrente nos últimos tempos no que se refere à função social de escola é sua suposta inutilidade numa sociedade marcada pela difusão dos meios de comunicação. À medida que as informações circulam em grande velocidade, em especial pelo rádio, televisão e *Internet*, a escola como local de transmissão de informação estaria superada uma vez que não consegue acompanhar o ritmo desses meios de comunicação.

Esse discurso de crítica à escola, muito presente na própria mídia, identifica a instituição escolar com *uma* das concepções possíveis de ensino — a concepção tradicional — que há pelo menos um século já é criticada no meio educacional. Como já analisamos anteriormente, as críticas da escola nova ao ensino como mera transmissão de conteúdos não surtiu efeito prático à medida que as condições de expansão do Ensino Básico no Brasil não possibilitaram a incorporação dessa nova concepção pedagógica. Na atualidade, a situação parece se repetir. Se o ensino público não recebe investimento financeiro compatível com suas demandas — aparecendo como prioridade apenas na retórica dos diferentes governantes —, sua tradição bancária continuará persistindo. Sendo que agora temos o agravante conjuntural do impacto incontestável do avanço dos meios de comunicação de massa. Ou seja, até meados do século passado, a crítica à escola reprodutora de informações tinha que ser relativizada, pois, para as classes populares, muitas vezes, ela era o único local de acesso às informações; situação diferente presenciamos hoje com a popularização, no caso do Brasil, principalmente do rádio e da televisão. Nesse sentido é que se impõe a prioridade efetiva de qualificar o ensino público sob os princípios da concepção histórico-crítica. A escola precisa transformar-se num lugar de análises críticas de modo que o conhecimento nela produzido possibilite atribuir significado à informação veiculada na mídia:

> Nessa escola, os alunos aprendem a buscar informação [...], e os elementos cognitivos para analisá-la criticamente e darem a ela um significado

pessoal. Para isso, cabe-lhe prover a formação cultural básica, assentada no desenvolvimento de capacidades cognitivas e operativas. Trata-se, assim, de capacitar os alunos a selecionar informações mas, principalmente, a internalizar instrumentos cognitivos (saber pensar de modo reflexivo) para aceder ao conhecimento. (Libâneo, 1998a, p. 26)

Assim procedendo, a escola fará uma síntese entre a cultura formal, os conhecimentos sistematizados e a cultura experienciada pelo aluno, este como sujeito do seu próprio conhecimento. Ilustra bem essa ideia de escola como espaço de síntese o depoimento de uma professora, relatado por Miguel Arroyo (2003, p. 152):

> A maior parte do que aprendi na vida, em termos de minha consciência social, política, como negra, como mulher, foi fora da escola, aconteceu nos espaços dos movimentos feministas, negro, e docente também [...] Mas eu não teria sido capaz de fazer as sínteses que hoje faço, se não tivesse passado pela escola.

Conceber a escola como espaço de síntese é concebê-la como produtora de conhecimento. Para tanto, a escola básica deve ser reconhecida como local de pesquisa. É pela pesquisa como princípio educativo que a escola produz conhecimento. Essa deve ser sua tarefa primordial — trabalhar as informações na perspectiva de transformá-las em conhecimento. Conforme Pimenta (2002, p. 26):

> Conhecer é mais do que obter as informações, é mais do que ter acesso a elas. Conhecer significa trabalhar as informações. Ou seja, analisar, organizar, identificar suas fontes, estabelecer as diferenças na produção da informação, contextualizar, relacionar as informações e a organização da sociedade, como são utilizadas para perpetuar a desigualdade social.

Se as informações veiculadas pela mídia ao apresentarem-se de forma estilhaçada ao expectador (passivo) servem para perpetuar a desigualdade social, à escola cabe recolhê-las e dar-lhes uma organicidade possível que favoreça ao aluno (ativo) a compreensão e denúncia dessa desigualdade. Esse caráter orgânico de trabalhar as informações é peculiar à escola, que a difere dos meios de comunicação em pelo menos dois aspectos fundamentais. Primeiro: o ouvinte/leitor/ telespectador, ao ter acesso às informações do rádio/jornal/revista/ televisão/*Internet*, não tem a possibilidade de dialogar com esses emissores. E segundo: o momento (tempo e espaço) em que ele tem esse acesso ocorre invariavelmente em uma situação solitária, em que ele está sozinho. De modo diferente, na escola o aluno pode *dialogar* com os professores e os demais alunos sobre as informações veiculadas na mídia. Esse diálogo coletivo é sempre mediado pelos saberes experienciados dos alunos, o que lhes permite desenvolver a análise crítica dessas informações. Ou seja, é nesse diálogo coletivo de alunos e professores com as informações de diferentes procedências que vai sendo produzido o conhecimento escolar.

Outro aspecto ainda a ser considerado, que difere a escola dos meios de comunicação de massa, refere-se à dimensão do tempo. Na mídia, as informações veiculadas seguem a lógica da circulação das mercadorias no sistema capitalista. Assim como os demais produtos, as informações circulam, cada vez mais, para serem rapidamente consumidas, descartadas e substituídas por outras. Daí a crítica de vários segmentos da opinião pública em relação à escola que não consegue acompanhar essa velocidade da sociedade midiática. A escola não acompanha nem deve acompanhar essa velocidade. O tempo da escola é outro. O tempo da escola deve ser o tempo da análise e da reflexão: o tempo da formação humana, que é perene, ao contrário da formatação para a empregabilidade dos dias atuais.

O esgarçamento das condições humanas

Pimenta (2002) faz referência a três grandes desafios contemporâneos para ressignificar o papel da escola e da educação na atualidade: 1) a sociedade de informação e sociedade do conhecimento; 2) a sociedade do não emprego e das novas configurações do trabalho (esses dois temas já foram abordados anteriormente); e 3) a sociedade do esgarçamento das condições humanas, traduzido na violência, na concentração de renda na mão de minorias, na destruição da vida pelas drogas, na destruição do meio ambiente e na destruição das relações interpessoais e suas manifestações na escola. Considero esse terceiro desafio o maior enfrentado pelos educadores diante da realidade brasileira.

As condições de vida das classes populares, que constituem a maioria dos alunos do ensino público no Brasil, não atendem, nem com um mínimo de dignidade, às necessidades básicas. Essa situação decorrente de um modelo econômico concentrador de rendas desencadeou todo um processo de esgarçamento das condições humanas na vida social. Vivemos uma época de total inversão de valores em que sempre impera o Ter sobre o Ser (humano). São frequentes os relatos de professores do ensino público que são questionados pelos alunos sobre seus salários. Em um deles, em região controlada por tráfico de drogas, um aluno argumentou que recebia mais do que sua professora só para avisar quando chegavam policiais perto de onde morava.

É no mínimo injusto que se cobre dos professores o que será feito diante desse tipo de situação. Não se deve exigir da escola que se adapte a essa nova realidade e trabalhe urgentemente com os alunos para corrigir uma distorção de valores que não foi ela quem produziu.

> Nossa ênfase na instituição escolar significa reconhecê-la em suas possibilidades, sem imputar a ela todo o poder, uma vez que ela colabora com as demais instituições sociais na tarefa de produzir a sociedade. (Pimenta, 2002, p. 30)

Como profissionais do ensino, nossa primeira possibilidade é a denúncia insistente e intransigente do modelo econômico-político em que se assenta a origem do esgarçamento das relações humanas em nossa sociedade.

Esse esgarçamento das condições humanas expressa de outra forma a negação do pedagógico nas escolas. Do mesmo modo que já foi destacado anteriormente que manter a escola pública e seus profissionais no limite da sobrevivência inviabiliza o pedagógico, manter parte da população no limite da condição humana também inviabiliza o pedagógico na escola que frequentam. Ou seja, para muitos educadores que trabalham em situações de ensino nos extremos dessa realidade, marcada pela violência, indisciplina inconsequente dos alunos e a presença do tráfico de drogas na escola, não há proposta pedagógica que dê conta sozinha de conviver nessa situação.

Insistimos nesse posicionamento, pois a defesa do trabalho do pedagogo nas escolas — como veremos no próximo capítulo — só faz sentido se tivermos claro o limite, ainda que sempre tênue, da intervenção pedagógica. Do contrário, a atuação do pedagogo escolar já será criticada de início por não dar conta dessa realidade rebelde.

Sintetizando o papel da escola contemporânea

A tradição histórica da função social da escola na modernidade, conforme viemos desenvolvendo, é sintetizada por Sacristán e Pérez Gómez (1998) em dois grandes objetivos consubstanciados nos processos de socialização que nela ocorrem. O primeiro — básico e prioritário — é preparar os alunos para sua "incorporação no mundo do trabalho", e o segundo é a formação do/a cidadão/cidadã para sua "intervenção na vida pública".

Considerando que a nova fase de reorganização do sistema capitalista gerou a sociedade do não emprego, podemos concluir que há uma tendência da segunda função do processo de socialização na escola — formação do(a) cidadão/cidadã para sua intervenção na vida pública — assumir a prioridade da escolarização nos últimos tempos. Esse objetivo, que era secundário, tende a ser prioritário, do ponto de vista dos grupos hegemônicos, ao civilizar os grandes contingentes populacionais excluídos da nova ordem social, de modo que convivam com um mínimo de civilidade com esses grupos.

Entretanto, esse trabalho de preparar os indivíduos para a vida pública vem se desenvolvendo, na maioria das escolas brasileiras, de modo extremamente precário, sem as mínimas condições de garantir aos alunos o propalado direito ao exercício da cidadania. Nesse sentido, ainda temos de concordar com a amarga constatação de Kuenzer (1999, p. 180) ao analisar as reformas de ensino implantadas no país, a partir dos anos 1990, no âmbito das políticas públicas neoliberais:

> Embora cruamente elitista, esse modelo é perfeitamente orgânico às novas demandas do mundo do trabalho flexível na sociedade globalizada, em que a ninguém ocorreria oferecer educação científico-tecnológica e sócio-histórica continuada e de qualidade, portanto cara, aos sobrantes. Estes, sobram; precisam apenas da educação fundamental para que não sejam violentos — embora usem drogas e comprem armas para alimentar os ganhos com o narcotráfico —, para que não matem pessoas, não explorem as crianças, não abandonem os idosos à sua sorte, não transmitam AIDS, não destruam a natureza ou poluam os rios, para que o processo capitalista de produção possa continuar a fazê-lo, de forma institucionalizada, em nome do "desenvolvimento".

Para reverter essa tendência, é necessário o empenho coletivo dos profissionais de ensino, junto com pais e alunos, na defesa intransigente de uma escola pública com a mesma qualidade de todas as demais escolas e que atenda a todas as crianças e todos os jovens brasileiros. Se na conjuntura atual a escola pouco contribui com o direito inalienável do ser humano ao trabalho, sua qualidade mais do que nunca não deve ser medida pelos interesses do mercado de trabalho. Sua qualidade deve ser avaliada pela capacidade de seus egressos intervirem na vida pública, de modo a transformarem a realidade que lhes nega esse direito ao trabalho. Transformação esta que possibilite a construção de uma sociedade mais justa, mais igualitária, mais fraterna.

Compreendendo o papel da escola pública nessa direção, concordamos com Libâneo (1998a) quando diz que o seu grande desafio é garantir que os alunos ganhem melhores e efetivas condições de exercício de liberdade política e intelectual. Para tanto, a educação escolar deve assumir o compromisso de

> [...] reduzir a distância entre a ciência cada vez mais complexa e a cultura de base produzida no cotidiano, e a provida pela escolarização [...] o compromisso de ajudar os alunos a tornarem-se sujeitos pensantes, capazes de construir elementos categoriais de compreensão e apropriação crítica da realidade. (p. 9)

Considerando esse compromisso da Educação Básica, recuperamos e sintetizamos, a seguir, alguns aspectos e desafios que a escola brasileira deve assumir na atualidade:

- Submeter à crítica intelectual as diferentes formações culturais: análise da cultura imediata dos seus alunos; problematização de seus valores, assim como de outras culturas;
- Debater sobre as relações entre a educação e o mundo do trabalho: o mercado de trabalho e a sociedade do não emprego; a crítica à organização econômico-social que inviabiliza a manifestação do trabalho como promotor da condição humana;
- Promover uma prática educativa reflexiva que trate demandas sociais específicas numa perspectiva de totalidade;
- Ressignificar junto à comunidade escolar o papel do Ensino Básico: problematizar sua contribuição na formação humana;
- Proceder com a transposição didática do conhecimento produzido na universidade, assim como em outras instituições e espaços sociais: sobre as relações étnico-raciais, sobre as relações de gênero, sobre o saber tecnológico etc.;
- Articular as práticas educativas informais e não formais que ocorrem fora da escola com as práticas escolares;
- Promover debate público sobre as relações entre as diferentes formas de conhecimento: os saberes científicos; os saberes das experiências cotidianas; o pensamento mítico das populações indígenas; o pensamento religioso, em especial, o das discri-

minadas religiões afro-descendentes; as ideologias dogmáticas utilizadas na defesa de interesses privados, entre outros;
- Submeter à análise crítica a leitura das informações e dos valores veiculados pela mídia, em especial, pela televisão.

É também imperativo que a escola não se esquive no tratamento de temas que estão presentes no cotidiano de muitas crianças e, principalmente, de muitos jovens. É o caso da sexualidade humana e das drogas. Por tratarem de assuntos que envolvem valores morais, comumente os educadores evitam abordá-los em sala de aula. A esse respeito, é importante chamar a atenção para demandas por pesquisas nessa área, pois "a maior parte dos estudos e interpretações é moralista e moralizante" (Arroyo, 2003, p. 149). Arroyo alerta sobre a necessidade de voltar-se para esses temas nas análises e pesquisas em Educação, assim como nos cursos de formação de educadores, para que esses assuntos não fiquem por conta da polícia ou de uma gestão disciplinadora da escola.

Finalmente, é necessário destacar que todos esses desafios devem ser enfrentados, assim como essas demandas (do ensino público) atendidas, mediante a centralidade do que deve constituir o trabalho educativo escolar: o desenvolvimento do pensamento racional reflexivo no processo de assimilação e crítica do conhecimento produzido historicamente pela humanidade. É desenvolver nos alunos o pensar metódico, pela atividade mental intensa de compreender, memorizar, comparar, organizar, analisar e relacionar conhecimentos de diferentes tipos e procedências. Essa atribuição é que confere à escola ser um espaço de sínteses. E para sintetizar conhecimentos, é fundamental que ela seja reconhecida como produtora de conhecimento, como local de pesquisa em que transitam diferentes saberes expostos ao debate público. Daí ser, também, o local privilegiado para desenvolver habilidades e atitudes de crianças, jovens e mesmo adultos, em um ambiente coletivo e, assim, firmar-se pelo trabalho coletivo, pelas aprendizagens coletivas.

A partir dessa compreensão da escola pública na atualidade, o próximo capítulo buscará situar a contribuição do pedagogo escolar

— como profissional da equipe diretiva que dá suporte ao trabalho docente — para que ele contribua no atendimento das demandas aqui apresentadas.

A ATUAÇÃO DO PEDAGOGO FRENTE ÀS DEMANDAS DA ESCOLA PÚBLICA BRASILEIRA NA ATUALIDADE

A partir da análise empreendida sobre as demandas da escola pública na atualidade, podemos identificar alguns campos de intervenção em que o pedagogo pode contribuir com seu trabalho dentro das escolas.

Uma primeira questão a ser tratada, e que o pedagogo deve encaminhar em todas as ocasiões possíveis, é o debate sobre o papel da escola na vida das crianças e dos jovens que a frequentam. Como vimos, na sociedade do não emprego, não cabe mais perpetuar o discurso liberal reducionista de que a escola é o local que garante a ascensão social via profissionalização dos alunos. Debater sobre a escola como espaço de promoção humana, de formação intelectual crítica dos alunos para que interfiram na realidade social em que vivem, é tarefa para todos os profissionais da escola, mas que deve estar sempre explícita nas ações do pedagogo. Nos eventos organizados tanto para os pais quanto para os alunos, o pedagogo deve sempre retomar e debater com eles o significado da escola em suas vidas. O desinteresse dos alunos em relação aos estudos, assim como, de certa forma, o próprio desafio de lidar com a indisciplina em sala de aula — uma das principais dificuldades apontadas pelos professores — são questões relacionadas à discussão do papel da escola na vida deles. O pedagogo também pode tratar desse tema diretamente com os alunos em projetos de orientação de estudos que ele mesmo coordene.

Outro tema relacionado ao papel da escola são as relações entre o mundo do trabalho e a educação. O pedagogo pode encaminhar essa temática em projetos interdisciplinares de orientação profissional, incluindo outros assuntos interligados a eles como o desemprego, a questão da empregabilidade, os mecanismos discriminatórios de seletividade nas empresa etc. No que se refere a conhecer a realidade dos alunos, o pedagogo pode desenvolver estudos investigativos que permitam caracterizar a comunidade escolar, assim como as diferentes turmas da escola. Estudos que permitam mapear a cultura local, seus valores e suas crenças, de modo que os professores tenham elementos suficientes para debaterem com seus alunos as relações entre os diferentes tipos de conhecimento, para que ascendam de um pensamento de senso comum a uma consciência filosófica (Saviani, 1984).

Esse trabalho de investigação da realidade é importante, inclusive, para a articulação entre as práticas escolares e as práticas educativas (informais e não formais) que ocorrem fora da escola. Ou seja, é um trabalho de articulação entre a escola e a comunidade local.

Nessa mesma perspectiva, o pedagogo também pode ser o elo articulador entre a escola e as instituições de Ensino Superior, como já mencionado, promovendo intercâmbios em forma de visitas, divulgação de pesquisas, recebimento de estagiários etc.

Finalizando, é importante destacar que todas essas possibilidades de atuação do pedagogo, a partir das demandas escolares atuais, só fazem sentido na perspectiva do *trabalho coletivo* desenvolvido junto aos professores, alunos, pais de alunos e demais funcionários da escola.

A ATUAÇÃO DA EQUIPE DIRETIVA DA ESCOLA: O QUE DIZEM OS PROFESSORES

Em estudo empírico desenvolvido em 2004, Pinto (2006) entrevistou 88 professores do ensino (Fundamental e Médio) público paulista. Os questionários foram tabulados a partir de duas grandes questões: 1) as principais dificuldades encontradas pelos professores em sala de aula; e 2) se a equipe diretiva da escola em que atuam facilita o trabalho deles.

A seguir, serão apresentadas as sínteses desses dois questionamentos, seguida de uma apreciação do papel do pedagogo nas escolas, a partir dos depoimentos dos professores.

DIFICULDADES ENCONTRADAS PELOS PROFESSORES

Principais dificuldades	N. de respostas*
Falta de material didático e instalações físicas necessárias	34
Indisciplina de alunos	28
Número excessivo de alunos por classe	24
Desinteresse dos alunos	22
Falta de apoio pedagógico e da direção da escola	13
Falta de "base" dos alunos, de pré-requisitos; alunos semialfabetizados na 5ª série	13
Ausência dos pais na vida escolar dos filhos	12
Ausência de um trabalho coletivo na escola; falta de envolvimento dos professores	09
Jornada de trabalho do professor excessiva; sobrecarga de tarefas; baixo salário	06
Falta de "limites" dos alunos; agressão entre alunos e professores; influência negativa da TV; violência	04
Inclusão de alunos com necessidades especiais (muitos por classe); alunos com problemas psicológicos e condições emocionais alteradas	04
Professor desacreditado; progressão continuada dos alunos	03
Ter de cumprir o planejamento e não atender às necessidades dos alunos; ficar "preso" à sala de aula	02

* As questões eram abertas, de modo que cada professor pôde citar quantas dificuldades quisesse. Daí o número total de citações ultrapassar o número (88) de professores entrevistados.

Ao serem questionados sobre as principais dificuldades encontradas para a realização do trabalho em sala de aula, as mais mencionadas pelos professores — dos anos iniciais até o Ensino Médio — podem ser classificadas como dificuldades relacionadas às condições do trabalho docente. Em primeiro lugar, surge a falta de recursos didáticos e instalações físicas adequadas. Em segundo, o número excessivo de alunos por classe e, em terceiro, a sobrecarga da jornada de trabalho.

Em relação à falta de recursos didáticos e de instalações físicas adequadas, os professores do 6º ano em diante exemplificam essa falta com a disciplina que lecionam:

Em Educação Física, faltam quadras cobertas, o piso é irregular e há falta de equipamentos.
Além da lousa em estado lastimável, no caso de Química, é difícil o acesso ao laboratório: falta tempo para prepará-lo, além do material necessário.
Há falta de material específico para as aulas de Inglês.
Em Matemática, deveria haver um material diferenciado: com jogos e computadores, além de orientação de como utilizá-los.

Em relação ao número excessivo de alunos por classe, embora tenha sido uma dificuldade mencionada por professores de todas as séries, o impacto parece ser pior com os professores de 6º ano em diante. Os professores especialistas por disciplina, em decorrência da divisão das aulas, acabam por assumir um número elevado de turmas, o que dificulta conhecer individualmente os seus alunos. De qualquer modo, mesmo um professor do 1º ao 5º ano argumenta sobre a dificuldade de aprimorar o trabalho pedagógico em função do número elevado de alunos por sala:

Sinto necessidade em organizar-me por meio de registros, pois por meio deles sei o ponto de partida, defino melhor os objetivos de minhas aulas. Entretanto tenho dificuldades em fazê-lo por causa da quantidade de alunos que temos por classe, e, consequentemente, do ritmo intenso do trabalho em sala de aula.

Ainda em relação às condições do trabalho docente, os professores apontaram como dificuldade a jornada excessiva de trabalho, assim como a sobrecarga de tarefas. Reportaram-se ainda ao baixo salário, que os forçam a assumir um número excessivo de aulas.

Um segundo grupo de dificuldades encontradas pelos professores refere-se à organização do trabalho escolar. Essas dificuldades apontam os serviços pedagógicos não atendidos pelas ações da equipe diretiva das escolas. Os professores mencionaram inicialmente a falta de apoio pedagógico e ausência da direção da escola. Citam essa ausência de apoio em relação à indisciplina dos alunos; à descontinuidade e indefinição de uma orientação pedagógica na escola; à desorganização da escola como um todo, que perpassa todos os espaços, inclusive a sala de aula, com informações desencontradas da própria direção; e denunciam também práticas autoritárias na gestão escolar.

Uma professora assim explica a falta de suporte pedagógico em sua escola: "Você precisa do som para uma reunião com os pais ou para uma apresentação dos alunos e ninguém sabe onde está! A chave está perdida ou o aparelho quebrado".

Ainda em relação à organização interna do trabalho escolar, os professores citaram a ausência de um trabalho coletivo, a falta de envolvimento dos professores, que inviabiliza uma proposta interdisciplinar, e consequentemente uma descontinuidade no trabalho com os alunos. Uma professora argumentou que, se os professores fossem realmente envolvidos, poderiam estudar textos que favorecessem uma reflexão teórica sobre a prática. Foram mencionados também, como dificuldade, o cumprimento obrigatório do planejamento, que muitas vezes não atende às necessidades dos alunos, e o fato de ter de ficar 'preso' na sala de aula, sem possibilidades de planejar atividades extraclasse.

Um terceiro grupo de dificuldades apontadas pelos professores está relacionado a aspectos tanto internos quanto externos à escola. É o caso da indisciplina e do desinteresse dos alunos pelos estudos. Uma professora comentou, em relação ao desinteresse, que "os alunos são autoritários: só participam da aula quando gostam da atividade".

Outra dificuldade citada pelos professores refere-se à ausência dos pais no acompanhamento da vida escolar de seus filhos: "os alunos não trazem o material necessário, o que dificulta o trabalho em sala de aula. Além de faltarem sem motivo".

Vários professores fizeram alusão à 'falta de base' dos alunos, falta de pré-requisitos, e o fato de muitos alunos chegarem ao 6º ano ainda semialfabetizados. Nesse aspecto, cabe destacar o fato de os professores do 6º ano em diante serem totalmente despreparados para trabalharem com a alfabetização, e nem deveriam sê-lo, pelo segmento de ensino em que atuam.

Mais de um professor chamou a atenção para a dificuldade do trabalho com o sistema de progressão continuada dos alunos, o descrédito que os professores têm na atualidade, a inclusão dos alunos com necessidade especiais e os alunos com problemas psicológicos e emocionais.

Finalmente, cabe destacar, em relação às dificuldades apontadas pelos professores dos diferentes níveis de ensino:

- A indisciplina dos alunos, mencionada por professores dos diferentes níveis de ensino, é mais citada pelos professores do 6º ao 9º ano;
- No Ensino Médio, não aparece "ausência dos pais", dificuldade citada por vários professores do Ensino Fundamental;
- Do 1º ao 5º ano, as professoras não mencionaram "falta de interesse dos alunos".

Esses dados apontam para a necessidade de estudos etnográficos que aprofundem as especificidades dos diferentes níveis de ensino. De qualquer modo, eles sugerem que nas séries iniciais os alunos do ensino público são interessados nos estudos e, consequentemente, a indisciplina é menos frequente. Junte-se a isso o fato de terem poucos professores até o 5º ano, via de regra, uma professora "de classe" que, com mais tempo em sala de aula, consegue estabelecer uma interação mais satisfatória com eles. A partir da 6º ano, aumenta o número de professores, diminui o tempo que cada um tem com cada turma, assim como a qualidade da interação social entre eles. Por outro lado, entendo que há uma tendência de os alunos dos anos iniciais do Ensino Fundamental ainda assimilarem o discurso dos pais, que veem na escola uma promessa de "vida melhor" (via profissionalização e bons empregos). Já os alunos dos anos finais do Ensino Fundamental e os do Ensino Médio vivenciam no cotidiano a certeza de que a escola não garante necessariamente ascensão social, mas também não encontram clareza no seu papel na vida deles, o que, dentre outros motivos, ajudaria a entender, pelo menos em parte, o desinteresse pela escola, a indisciplina...

Sobre a atuação da equipe diretiva da escola

Ao serem questionados se a equipe diretiva da escola facilita o seu trabalho em sala de aula, os professores dividem-se entre o *sim* e o *não*. Essa divisão não é apenas entre dois grupos de professores que discordam sobre a atuação dos diretores, vice-diretores, coordenadores pedagógicos, orientadores educacionais e professores-coordenadores-pedagógicos — ela também aparece no próprio posicionamento individual de vários professores, como estes dois depoimentos que seguem:

Mesmo sendo pouco a contribuição deles, já minimiza a situação que estamos vivendo, mas necessitamos urgentemente de pessoal especializado trabalhando conosco e nos ajudando.

Com ressalvas. O PCP acaba assumindo tarefas administrativas, além de ser o elo entre a direção, a supervisão, a Diretoria de Ensino, as entidades da comunidade local e os docentes. Embora a coordenação auxilie, não é feita, por exemplo, uma discussão por área, quanto às estratégias pedagógicas para resolver um assunto específico.

Na amostragem dos 88 professores que responderam ao questionário, 51 deles afirmaram que a equipe diretiva da escola facilita o seu trabalho em sala de aula, enquanto 34 acreditam que a equipe não facilita.

Seguem as justificativas apresentadas pelos professores que responderam *não* facilitam o trabalho, classificadas por ordem decrescente da incidência temática de seus argumentos e posicionamentos:

1. Omissão de suas funções/distanciamento dos professores e alunos

Os últimos que encontrei acomodavam-se em suas salas e diziam apenas que "isso não é problema meu".

Muitos alunos apresentam dificuldades relacionadas a problemas auditivos, visuais, e se a Coordenação encaminhasse esses alunos adequadamente aos órgãos responsáveis, eles melhorariam o desempenho escolar. Muitas vezes a Coordenação Pedagógica prefere não ver o problema.

São muito distantes dos professores. O CP quase não aparece na escola.

O diretor e o assistente nunca sequer passam pelas salas de aulas. As crianças nem sabem quem é o diretor!

A omissão é muito grande. Quando (eles) faltam nem se percebe.

(Eles) não alteram em nada o nosso trabalho.

Alguns não estão nem aí com nada.

(Eles) são ausentes. Quando aparecem, precisam atender aos chamados da Diretoria de Ensino (papéis, burocracia).

Falta mais comprometimento deles.

Falta de atuação em suas áreas, envolvendo o grupo de professores. Falta de empenho, ausentam-se demais da escola.

2. Absorvidos pela rotina administrativa da escola

O excesso de atividades burocráticas impede a atuação deles com professores e alunos.

Tanto o CP quanto a Direção estão preocupados com a parte burocrática (entrega de notas, fichas de alunos etc.). Falta aquele olhar realmente pedagógico para as necessidades que o professor enfrenta no dia a dia.

Falta integração com o trabalho pedagógico. A atuação deles está mais voltada para a parte burocrática. Falta acompanhamento adequado nos projetos pedagógicos e nas necessidades reais dos alunos e da comunidade.

Faltam ações especificamente educacionais. Eles atuam mais burocraticamente, esquecendo o processo de ensino-aprendizagem.

Preocupam-se mais com burocracias e não participam efetivamente dos problemas com o pedagógico.

Eles estão sempre ocupados com a parte administrativa (financeiro) da escola.

3. Falta de preparo pedagógico

A maioria só facilita os trabalhos burocráticos. Quando tenho dificuldade em sala de aula, eles não ajudam.

Falta-lhes muito conhecimento na relação professor/aluno.

Em alguns momentos, fui atendido ao solicitá-los, mas sinto um certo despreparo deles para resolver algumas situações.

Procuram nos ajudar, mas não atendem a todas as nossas necessidades.

4. Exercício do poder

Fazem abuso da autoridade e não tratam os professores com dignidade.

Se prendem aos aspectos burocráticos, não respeitando a opinião dos professores.

Algumas vezes ajudam e outras se escondem (se omitem) e outras vezes são tão autoritários ou fofoqueiros que destroçam o trabalho coletivo da escola.

O CP barra o trabalho do professor.

5. Falta de apoio aos professores

Às vezes precisamos um pouco mais de interação e firmeza.

Há uma falta de colaboração deles.

Não dão uma retaguarda para que possamos ficar mais tranquilos.

Falta de apoio quando preciso.

6. Funções hierarquizadas

Não estão diretamente nas salas de aula e, muitas vezes, têm uma visão predefinida conforme lhes convêm ou à Diretoria de Ensino (DE).

Há uma lacuna abissal entre os interesses dos diretores, coordenadores, dirigentes (do governo) e do ideal dos professores que querem ensinar para a vida. Deles só são exigidos números positivos.

7. Reféns da estrutura

Não conseguem colaborar com os professores. Poucas reuniões, pouco tempo e muitos problemas.

Os alunos necessitam de mais tempo com eles e de outra estrutura para que haja melhora.

Seguem agora as justificativas apresentadas pelos professores que afirmaram *sim* ao serem questionados se a equipe diretiva da escola facilita o trabalho deles em sala de aula:

1. Apoio aos professores

Facilitam o trabalho docente, à medida que dão apoio e retaguarda às necessidades do professor.
Sempre que possível, encontramos apoio neles.
Colaboram pelo apoio que nos dão quando precisamos.
Ampara-nos quando necessário.
Me apoiam, orientam e me dão esperança.
Posso contar com eles.
Quando colaboram, tudo sai bem.
Dão apoio para que eu desenvolva meu trabalho.
Todos os profissionais onde leciono são comprometidos e tentam facilitar o máximo possível o trabalho do professor.
Colaboram apoiando e ajudando.
Facilitam nosso trabalho dando o apoio necessário.
De modo geral servem de apoio ao professor.

2. Atuação pedagógica

Muitas vezes nos auxiliam na prática pedagógica e nas diretrizes a serem tomadas.
Podem auxiliar quanto à preparação dos conteúdos.
Alguns têm trabalhos bastante interessantes, preocupam com a formação do aluno e o bem-estar do professor.
Alguns têm experiências anteriores.
Mesmo sem recursos pedagógicos, eles nos auxiliam.
Facilitam porque há um diálogo com a nossa prática pedagógica.
O CP tem papel fundamental no campo pedagógico.
Facilitam nosso trabalho em parte. A Direção ocupa-se da parte burocrática e da escola como um todo. O PCP faz refletir sobre o trabalho de cada um dos professores. Trazem atividades, propõem análises e estudos. Conversam com alunos encaminhados.

O CP muitas vezes nos auxilia principalmente em horários de trabalho coletivo.
Trabalhei em várias escolas, mas poucas são aquelas em que o diretor, o CP e o vice-diretor atuam no trabalho pedagógico do professor. Na escola em que trabalho atualmente, recebemos apoio pedagógico constante.

3. Resolvendo problemas

Resolvem problemas extraclasse para o funcionamento da escola.

Colaboram quando dão respaldo ao trabalho do professor e tentam resolver os problemas encontrados.

Ajudam a resolver problemas.

Dão apoio no desenvolvimento de projetos para tentar amenizar os problemas.

Contribuem incentivando, ajudando, apoiando e direcionando os problemas que vão surgindo, propondo soluções e colaborando para um ambiente de amizade e responsabilidade.

Na medida do possível, atuam junto às famílias e buscam resolver os problemas.

4. Atuação junto aos alunos

Facilitam o nosso trabalho somente no que diz respeito à disciplina dos alunos.

Alunos com problemas de comportamento são encaminhados à Direção e chamam os pais. Alunos com problemas de relacionamento são encaminhados ao PCP.

Colaboram pois conhecem os alunos tanto quanto nós professores.

Dão apoio ao nosso trabalho conscientizando os alunos mais "complicados".

Orientam bem os alunos, com responsabilidade.

5. Integração do trabalho escolar

Quando o trabalho é feito no coletivo fica mais fácil.

Sempre se aprende com profissionais de formação diferente da nossa.

Quando temos numa escola diversos profissionais atuando para a melhoria do ensino-aprendizagem, o resultado é sempre positivo. O professor pode exercer a sua função corretamente: a de ensinar.

Se não há uma integração de todos os profissionais que atuam na escola, o ensino, que já é precário, fica ainda mais deficitário. É necessária também uma autonomia da escola para soluções de seus problemas, na elaboração de seus projetos...

Uma interpretação dos dados apresentados

No que se refere às dificuldades apontadas pelos professores, que estão relacionadas às condições do trabalho docente, cabe entendê-las imbricadas ao que comumente identificamos por condições pedagógicas. E, de acordo com Libâneo (2004, p. 9), "fazer justiça social na escola hoje [...], significa assegurar as condições pedagógicas e organizacionais para se alcançar mais qualidade cognitiva das aprendizagens". As condições pedagógicas advêm das condições de trabalho do professor e estão diretamente relacionadas à maneira como a escola funciona. Fazem parte dela as instalações físicas da escola, os recursos materiais e didáticos, o número de alunos por classe, o número de aulas que o professor leciona por dia, as horas disponíveis para planejamento e participação em reuniões. Quanto melhor o conjunto dessas condições materiais, maior a possibilidade de ocorrer práticas educativas qualitativamente melhores.

Esse entendimento condiz com a conceituação de pedagogia desenvolvida inicialmente neste trabalho. Se a pedagogia escolar é um campo de conhecimento que se materializa na ação educativa escolarizada — daí sua identificação com ciência da prática —, ela depende intrinsecamente de condições objetivas específicas para acontecer. E estas se manifestam de acordo com as condições materiais descritas anteriormente. Mas a prática educativa escolarizada depende também de seus agentes, do preparo profissional dos educadores e das suas condições de vida, assim como das dos alunos.

Nesse aspecto, quanto melhor o preparo profissional do professor, sua condição de vida e a do aluno, melhores são os processos educativos dos quais participam. Raciocinando pelos extremos, se o professor não tiver um mínimo de preparo docente, a ação pedagógica não ocorre, apesar das condições materiais satisfatórias. Do mesmo modo, sem um mínimo de condições materiais, a ação pedagógica escolarizada também não ocorre, mesmo que o professor esteja bem preparado. Fazem parte, portanto, das condições pedagógicas as condições materiais e as condições de ação de seus agentes.

REPRESENTAÇÃO GRÁFICA DA PRÁTICA PEDAGÓGICA

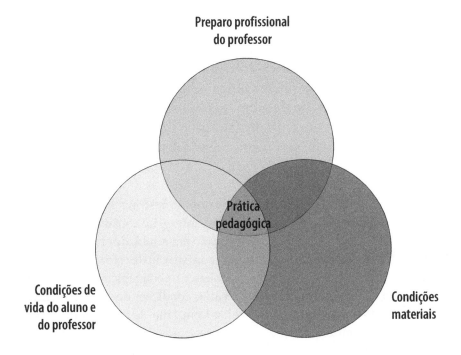

Assim, a prática pedagógica escolar transcorre na inter-relação das condições materiais, conforme descritas anteriormente, com as condições de vida dos alunos e as condições profissionais de seus educadores. E, dentro da categoria de educadores, incluímos também os pedagogos.

O trabalho dos pedagogos, sua ação pedagógica nas escolas, acontece justamente no movimento inter-relacional dessas diferentes condições. É nesse movimento que se constitui o espaço de atuação dos pedagogos escolares.

Quanto mais adversas as condições de trabalho do professor e as condições de vida dos alunos, mais conflituosa será a atuação do pedagogo, pois menos pedagógica. Quanto piores essas condições, menor a possibilidade de efetivar-se o processo de ensino e aprendizagem. E esse processo não se efetivando, as práticas pedagógicas escolares em geral se tornam inviabilizadas.

Nessa situação, em relação à atuação do pedagogo, duas possibilidades podem ocorrer. Uma delas é ele ter um desvio de função. Em vez de atuar no âmbito das atividades pedagógicas, ele passa a desempenhar outras funções para atender às necessidades impostas pelas condições inadequadas de trabalho do professor, de vida dos alunos e pelas condições materiais insatisfatórias da escola de modo geral, como adverte Paro (2002, p. 73) ao se referir às atividades da direção da escola:

> Em termos práticos, as atividades de direção restringem-se ao diretor — e ao assistente de diretor, seu coadjuvante — no comando da escola. Mas estes também acabam se envolvendo em atividades rotineiras que pouco têm a ver com uma verdadeira coordenação do esforço do pessoal escolar com vistas à realização de objetivos pedagógicos. Concorrem para isso, em grande medida, as precárias condições de funcionamento da escola pública, que se vê às voltas com falta de material didático, espaço físico impróprio para suas funções, móveis e equipamentos deteriorados, formação inadequada do corpo docente, escassez de professores e demais funcionários, falta de recursos materiais e financeiros para fazer frente às mais elementares necessidades. Diante desse quadro, não é difícil imaginar as dificuldades da direção em coordenar esforços de pessoas cujas atividades dependem de recursos inexistentes.

A outra possibilidade em relação à atuação do pedagogo em condições pedagógicas adversas é esperar que ele dê conta das adversidades. Ou seja, os professores e os pais esperam do pedagogo encaminhamentos que resolvam os problemas como, por exemplo, de garantir uma aprendizagem qualitativa a todos os alunos — em condições de vida miseráveis — numa turma de 1º ano, com 45 alunos, em uma escola sem condições físicas adequadas. Em qualquer uma dessas possibilidades de atuação do pedagogo escolar, o que temos instalado é a negação do pedagógico.

Com esse entendimento, o que queremos defender é que o trabalho do pedagogo nas escolas não pode fundar-se na ausência das condições de trabalho do professor e de aprendizagem dos alunos. Fosse assim, à medida que os professores tivessem atendido a todas as condições necessárias para o exercício da docência, não haveria mais espaço para a atuação do pedagogo e, desse modo, negaríamos o seu campo de trabalho.

Por isso, entendemos que o pedagogo deve trabalhar *com* os professores e não somente *para* os professores. Trabalhar com os professores implica em compartilharem a elaboração e o desenvolvimento do PPP da escola, identificando juntos as dificuldades e os limites institucionais da sua implementação. Do contrário, o pedagogo corre o risco de, na busca de somente suprir as necessidades imediatas de professores e alunos, não estabelecer o seu campo de atuação no interior da escola, que efetivamente poderá contribuir com a melhoria da aprendizagem dos alunos.

Como já afirmamos, o trabalho do pedagogo deve ser de apoio, de suporte ao trabalho do professor fora da sala de aula, tendo sempre como referência, entretanto, o que nela ocorre. Todavia, ele deve ter clareza e preparo adequado para compartilhar com o professor os limites de sua interferência. Do mesmo modo, o professor também deve ter clareza dos limites de sua intervenção docente. Exemplificando: o professor, com uma classe superlotada, não pode esperar do pedagogo um atendimento que resolva os problemas decorrentes do número excessivo de alunos em uma mesma sala. Eles podem, juntos, a partir das dificuldades que surgem, decidirem pelas intervenções possíveis e encaminharem institucionalmente as providências e denúncias cabíveis.

No que se refere ao argumento dos professores de que a equipe diretiva da escola não facilita o trabalho deles por ser "absorvida pela rotina administrativa da escola", uma primeira consideração a ser feita refere-se à absurda burocratização dos sistemas de ensino. As escolas são inundadas por uma quantidade enorme de documentos a serem preenchidos, não apenas sobre seus trâmites administrativos, mas também sobre o próprio trabalho pedagógico:

> Em muitas escolas, as exigências para o preenchimento de atas de reunião de conselho e de avaliação, mais conhecidas como "mapões", de fichas

individuais, de relatórios, entre outros documentos, têm como objetivo o cumprimento de uma obrigação administrativa, geralmente imposta por uma instância superior (Diretoria de Ensino, Secretaria de Estado da Educação...).

Assim, esses registros não demonstram ter um significado mais amplo na maioria das escolas, o que, em consequência, acaba sendo percebido por muitos docentes como uma tarefa inútil, uma atividade mecânica. Esse procedimento, reduzindo a importância dos registros das dificuldades ou avanços dos alunos por meio de fichas, relatórios etc., acabou por se solidificar em muitas escolas como uma simples obrigação, em muitos casos acompanhadas de descuido quanto às informações que acabam registradas nesses documentos. (Franco apud Fernandes, 2004, p. 84-85)

Outros dois fatores combinam com essa excessiva demanda de tarefas burocráticas. O primeiro trata-se da ausência de uma sólida organização do trabalho escolar — também apontado pelos professores entrevistados — que estabeleça, com clareza, as funções dos diferentes profissionais que atuam fora da sala de aula. Como essa organização deve decorrer do PPP, as unidades escolares, que não o têm constituído e desenvolvido coletivamente, deixam a organização do trabalho pedagógico da escola à deriva, tornando-se presa fácil de demandas administrativas. Por outro lado, quanto mais a comunidade está envolvida com o PPP, maior a facilidade em absorver a divisão e organização do trabalho no interior da escola, evitando, consequentemente, o desvio de funções dos diferentes profissionais.

O outro fator que também pode explicar a absorção da equipe diretiva pelas tarefas administrativas é a falta de preparo específico da equipe na área em que deveria atuar, ou seja, na área pedagógica, conforme depoimento dos professores. Assim, à medida que as pessoas que ocupam cargos responsáveis pela área pedagógica não detêm um domínio específico da área, passam a refugiar-se nas atividades administrativas para encobrir a dificuldade de atuar na área em que deveriam e para a qual não estão preparados profissionalmente. Parece-me que essa é a situação de muitos dos professores coordenadores pedagógicos na rede paulista de ensino.

O professor coordenador pedagógico (PCP) na rede estadual de ensino paulista

A maioria dos professores que responderam ao questionário leciona na rede estadual de ensino paulista, de modo que, ao se reportarem à equipe diretiva da escola, consideraram também a figura do PCP, função instituída nas unidades de ensino do estado em 1996.

Embora previsto no Estatuto do Magistério Paulista, o cargo de coordenador pedagógico nunca foi efetivamente constituído na rede de ensino do estado de São Paulo. Diferente da função do PCP, o cargo de coordenador pedagógico exige habilitação específica em Pedagogia e experiência docente mínima de cinco anos. Já a função de PCP, quando foi criada, não exigia habilitação específica na área e apenas três anos de exercício docente no magistério público oficial do estado.

Em pesquisa direcionada para contextualizar e compreender a função do PCP no estado de São Paulo, Fernandes (2004, p. 77) analisa as pesquisas produzidas sobre o trabalho cotidiano desses professores e constata que um primeiro aspecto apontado pelas pesquisas refere-se ao desvio de função:

> Muitas atividades realizadas pelo PCP no dia a dia das escolas não são atribuições da função e poderiam ser realizadas por outros sujeitos da estrutura escolar, liberando o coordenador para atividades especificamente pedagógicas. A análise das pesquisas permite afirmar que em muitas escolas o PCP realiza atividades que lhe são "empurradas" no dia a dia, como, por exemplo, o cumprimento de funções que correspondem ao diretor ou secretário de escola, inspetor de alunos, servente e outros.

Esse desvio de função do PCP — identificado nas pesquisas sobre sua atuação profissional — corrobora com a minha análise apresentada anteriormente sobre a falta de preparo pedagógico da equipe técnica, mencionada pelos professores entrevistados. No estudo de Fernandes (2004, p. 82), a falta de preparo pedagógico do PCP também aparece:

A não exigência da *formação pedagógica* para a ocupação da função democratizou o acesso dos professores à função de PCP, mas permitiu que muitos professores assumissem a função sem ter um claro entendimento de didática, currículo ou gestão escolar. Não necessariamente um bom professor de Matemática, Geografia ou Ciências tem competência ou repertório profissional para o trabalho de coordenação pedagógica. (Grifos meus)

Do mesmo modo que os professores entrevistados argumentaram que a equipe técnica não contribui com o trabalho deles em sala de aula, entre outros motivos, por eles serem absorvidos pela rotina administrativa da escola, o estudo de Fernandes (2004, p. 84) conclui:

> A necessidade de responder às cobranças da Secretaria de Educação [...] levam o coordenador a uma *rotina burocratizada* que muitas vezes pasteuriza o trabalho do PCP e desvia sua atenção para o preenchimento de papéis que, não raramente, são esquecidos e pouco utilizados na reflexão da prática e na tomada de decisões. (Grifos meus)

Como podemos constatar, a figura do PCP nas escolas públicas estaduais de São Paulo é emblemática no que se refere às críticas dirigidas pelos professores à equipe diretiva das escolas. Por outro lado, evidencia que essa escolha do governo do estado de São Paulo em lotar as escolas com o PCP, em vez de um Coordenador Pedagógico habilitado para a função, configura-se numa opção econômica[14] que não contribui, como poderia, para a melhoria do ensino público.

O que justifica a presença dos pedagogos nas escolas

O primeiro grande motivo apresentado pelos professores ao afirmarem que a equipe diretiva da escola facilita o trabalho deles em sala

---

14. O *cargo* de Coordenador Pedagógico, conforme previsto no Estatuto do Magistério de São Paulo, deve ser provido mediante concurso público, diferente da *função* PCP que pode ser extinta a qualquer momento.

de aula, refere-se ao *apoio* que ela oferece ao trabalho docente. Nesse mesmo sentido, ao analisar as justificativas apresentadas pelos professores que afirmaram que a equipe diretiva *não* facilita o trabalho deles, o motivo mais frequente foi justamente a omissão e o distanciamento da equipe em relação aos professores e alunos, além de aparecer explicitamente a falta de apoio aos professores. Identifico desse modo o ponto de partida da atuação do pedagogo nas escolas no apoio ao trabalho docente.

O segundo grande motivo que os professores apresentaram para justificar que a equipe diretiva da escola facilita o trabalho deles foi a atuação pedagógica. O que está de acordo com os que argumentaram que a equipe *não* facilita justamente por ser absorvida pela rotina administrativa ou a falta de preparo pedagógico.

É importante constatar que os professores atribuem claramente à equipe diretiva da escola a atuação no campo pedagógico. Não apareceu nenhum depoimento destacando o seu papel na área administrativa, permitindo-nos inferir que os professores têm clareza de que a rotina administrativa da escola é um *meio* para atingir seus fins educacionais — que se manifestam no campo pedagógico e que a centralidade das atividades do pedagogo nas escolas está justamente no trabalho pedagógico.

A partir dos depoimentos dos professores sobre a atuação da equipe diretiva, assim sintetizo e justifico a presença do pedagogo nas escolas: dando apoio ao trabalho docente, centralizando sua ação no campo pedagógico, colaborando na integração do trabalho escolar e atuando junto aos alunos.

Capítulo 3

Áreas de atuação do pedagogo escolar

> "[...] da técnica-trabalho atinge-se a técnica-ciência e a concepção histórica humanística, sem a qual se permanece especialista e não se torna dirigente (especialista+político)".
>
> *Antonio Gramsci*

A análise da experiência acumulada historicamente pelo trabalho desenvolvido pelos especialistas de ensino, nas escolas públicas brasileiras, impõe uma questão central para pensarmos a atuação do pedagogo escolar na atualidade. Trata-se de fundá-la a partir do trabalho coletivo desenvolvido por todos os educadores na escola. À medida que a tradição de atuação dos especialistas foi sempre marcada por práticas centralizadoras, e às vezes autoritárias, a perspectiva de pensar a atuação do pedagogo escolar inserida num trabalho coletivo é um modo de ressignificá-la a partir do respeito, cooperação e legitimação do trabalho docente.

Com a mudança paradigmática da docência, as experiências acumuladas pelos professores devem ser valorizadas e compartilhadas coletivamente. Nesse sentido, a prática docente deixa de ser cada vez mais uma atividade isolada, solitária, e caminha em direção a um trabalho articulado coletivamente dentro da escola. Assim, o trabalho do pedagogo deve voltar-se para coordenar os momentos e espaços de encontros do corpo docente.

Por outro lado, os processos educativos escolares extrapolam, cada vez mais, a sala de aula, com atividades planejadas coletivamente fora da sala de aula ou mesmo fora da própria escola. Nesse sentido, o trabalho do pedagogo direciona-se ao apoio pedagógico e organizacional para que essas atividades e esses eventos aconteçam satisfatoriamente, conforme seus objetivos educativos.

Essa perspectiva de atuação do pedagogo em coordenar e dar apoio pedagógico e organizacional às atividades do corpo docente e discente exige da escola um projeto político pedagógico (PPP) como instrumento que lhe garanta desenvolver um trabalho coletivo voltado aos seus fins educacionais.

A ATUAÇÃO DO PEDAGOGO ESCOLAR VIA PROJETO POLÍTICO-PEDAGÓGICO

Para atender às demandas sociais que lhes são postas, é imperativo que as escolas públicas usufruam da sua autonomia, mesmo relativa. Conforme já destacamos, as escolas devem ficar sob o controle da comunidade escolar, ainda que mantidas pelo Estado. Para que esse controle fique efetivamente sob a tutela dos profissionais de ensino de cada escola, com a participação dos alunos e seus responsáveis, é fundamental que todos esses atores assumam a co-autoria na produção e condução dos processos educativos desencadeados no interior de cada unidade escolar.

Nessa perspectiva, o PPP é o instrumento pelo qual a escola garante o exercício de sua autonomia. Ele abriga o enraizamento da cultura escolar local, fortalecendo-a frente às ingerências das instâncias administrativas superiores do sistema escolar. De modo contrário, a escola sem um PPP consolidado torna-se refém das reformas educativas que desautorizam o protagonismo de seus profissionais e desconsideram a cultura escolar.

A cultura escolar e o projeto político-pedagógico

Por cultura escolar, estamos nos referindo:

> [...] àqueles significados, modos de pensar e agir, valores, comportamentos, modos de funcionamento que, de certa forma, mostram a identidade, os traços característicos, da escola e das pessoas que nela trabalham. A cultura da escola (ou cultura organizacional) é o que sintetiza os sentidos que as pessoas dão às coisas, gerando um padrão coletivo de pensar e perceber as coisas e de agir. (Libâneo, 2004, p. 33)

A cultura escolar é, portanto, própria de cada escola e se projeta em todas suas instâncias:

> [...] no tipo de reuniões, nas normas disciplinares, na relação dos professores com os alunos na aula, na cantina, nos corredores, na confecção de alimentos e distribuição da merenda, nas formas de tratamento com os pais, na metodologia de aula etc. Vem daí uma constatação muito importante: a escola tem uma cultura própria que permite entender tudo o que acontece nela, mas essa cultura pode ser modificada pelas próprias pessoas, ela pode ser discutida, avaliada, planejada, num rumo que responda aos propósitos da direção, da coordenação pedagógica, do corpo docente. É isso que justifica a formulação conjunta do projeto pedagógico-curricular [...]. A cultura organizacional é elemento condicionante do projeto pedagógico-curricular, mas esse também é instituidor de uma cultura organizacional. (Libâneo, 2004, p. 109)

Assim entendido, o PPP é o instrumento que "cultiva" a cultura escolar. Se não há um projeto efetivamente implantado, a cultura da escola é difusa e mutante. Quando o PPP está consolidado, instaura-se uma cultura escolar intencionalizada. Isso não quer dizer que é congelada, pois ela se altera à medida que os agentes escolares vão mudando, ou seja, uma vez que os educadores e os alunos da escola são outros, a cultura escolar vai se alterando, principalmente com a troca dos educadores. Cada grupo destes imprime uma dinâmica na proposta pedagógica da escola a partir dos elementos constituintes da sua subjetividade coletiva. Entretanto, se o PPP está consolidado, ele vai sendo transmitido de geração à geração de educadores, de modo que a cultura escolar não é alterada substancialmente, pois é alimentada o tempo todo pelo projeto. Ao contrário, nas escolas em que não há um efetivo PPP, a cultura escolar expressa simplesmente o intercruzamento das diferentes culturas que nela convivem (dos alunos, dos professores, da mídia, da etnociência). Desse modo, propomos identificar as escolas, que enraizaram em suas culturas um PPP, como escolas portadoras de uma *cultura escolar pedagógica*. Pedagógica como expressão de uma proposta educacional marcada por princípios éticos e políticos claramente definidos e que se materializam em suas ações educativas.

O PPP também viabiliza, no interior de cada escola, o estabelecimento de relações democráticas entre os seus profissionais e entre estes e o corpo discente. Embora a democratização das relações internas não seja o núcleo da democratização do ensino, que se constitui na socialização do saber, aquela não pode ser desvinculada desta.

> A democratização das relações internas da escola constitui mediação para a democratização da educação, o que não significa diminuir sua importância; pelo contrário, significa considerá-la condição *sine qua non* desta, porém não a única. As relações democráticas na escola, a participação nas decisões, o envolvimento da equipe de professores no trabalho são mediações básicas ao objetivo do trabalho docente — ensinar de modo que os alunos aprendam —, mas não são suficientes nem exclusivas. (Pimenta, 2002, p. 53)

Ensinar de modo que os alunos aprendam é qualitativamente diferente quando ocorre sob relações pessoais abertas que rompem com a tradição escolar de vínculos autoritários.

Veiga (1995) defende que, ao se constituir em processo democrático de decisões, o PPP instaura uma forma de organização do trabalho pedagógico que supera os conflitos, elimina as relações competitivas, corporativas e autoritárias, diminuindo os efeitos fragmentários da divisão do trabalho que reforça as diferenças e hierarquiza os poderes de decisão.

> Nesta perspectiva, a construção do projeto político-pedagógico é um instrumento de luta, é uma forma de contrapor-se à fragmentação do trabalho pedagógico e sua rotinização, à dependência e aos efeitos negativos do poder autoritário e centralizador dos órgãos da administração central. (p. 22)

Ou seja, para ser autônoma, a escola não pode depender dos órgãos centrais e intermediários para definirem o que deve executar. Ao conceber seu PPP, ela exerce sua autonomia, assim como ao executá-lo e ao avaliá-lo no sentido de refletir sobre as finalidades sociopolíticas e culturais da escola. Desse modo, ela vai delineando sua própria identidade (Veiga, 1995).

Pimenta (2002) alerta para a necessidade de compreender as diversas identidades das escolas, pois essa é a base para que diferenciem seus projetos pedagógicos. O que aponta para a identidade no plural, tendo em vista que as escolas, concretamente consideradas, não são iguais.

Desse modo, fica evidente que o PPP não pode ser um instrumento burocratizado que, para atender às exigências legais, possa ser encomendado ou mesmo comprado.

Por outro lado, ainda segundo Pimenta (2002), o fato de considerar que cada escola tem sua identidade própria não pode levar ao equívoco de considerá-la isolada. Essa identidade própria "é significada pelo pertencimento ao um gênero Escola [...]. Se perdermos essa dimensão do pertencimento ao gênero, teremos resultados muito discutíveis do ponto de vista da qualidade social" (p. 68).

Assim considerada a relação entre a identidade escolar e o PPP, cabe identificá-lo como conteúdo e instrumento da organização do trabalho pedagógico em dois níveis: "como organização da escola como um todo e como organização da sala de aula" (Veiga, 1995, p. 14), incluindo sua relação com o contexto social imediato, de modo a preservar a visão da totalidade.

Nesse sentido, o PPP permite quebrar o isolamento dos trabalhos encaminhados individualmente pelos professores em sala de aula à medida que os articulam em torno de um projeto coletivo. Além disso, minimiza a dimensão solitária, própria da natureza do exercício da docência. Ou seja, se em sala de aula, do ponto de vista de sua atuação profissional, o professor age solitariamente, esse isolamento é reconfigurado quando seu trabalho está articulado com o trabalho dos demais professores.

O PPP também pode aprimorar a articulação do trabalho desenvolvido pelo corpo docente ao promover programas para a sua formação continuada. Essa formação — centrada na escola — propicia o desenvolvimento profissional dos professores de modo articulado aos projetos nela desenvolvidos. Entretanto, não deve limitar-se aos conteúdos curriculares, mas se estender à discussão da escola como um todo e nas suas relações com a sociedade.

> Daí, passarem a fazer parte dos programas de formação continuada questões como cidadania, gestão democrática, avaliação, metodologia de pesquisa e ensino, novas tecnologias de ensino, entre outras. (Veiga, 1995, p. 21)

Pimenta (2002) destaca que, após a reflexão coletiva realizada pelos profissionais da escola, na qual se traçam as características gerais de sua identidade, o passo seguinte é a realização dos diagnósticos, que terão o sentido de retratar como a escola se encontra. Um retrato que permita uma análise, organização e interpretação dos dados disponíveis, de modo a fazer um balanço de seus resultados de acordo com as finalidades da escola.

> [...] quais as necessidades mais imediatas? [...] Identificar necessidades requer não uma simples adequação a elas, mas interpretá-las, lê-las, no

sentido de verificar seus vínculos com as finalidades mais amplas. Por exemplo: que necessidades os alunos expressam e como nós as lemos? [...] Como identificar tais necessidades? (p. 70)

Trabalho difícil, polêmico e desafiador é este de identificar necessidades, marcado que é por uma densa dimensão subjetiva. Entretanto, o efeito dessa subjetividade só pode ser controlado quando submetido à reflexão coletiva de todos os profissionais da escola.

Ilustra essa problemática a ideia de que a escola deve estar articulada à realidade dos alunos. Uma aprendizagem significativa ocorreria justamente como expressão dessa articulação. Entretanto, entendo que é necessário explicitar o significado de realidade dos alunos, pois ao reduzi-la à realidade imediata por eles vivenciada, a escola pode atrelar-se mais ao atendimento dos interesses do mercado do que à promoção humana. A realidade social circunscrita na escola atual está cada vez mais articulada às manifestações da globalização econômica. Nessa situação, para entender a realidade local, é necessário o entendimento da realidade global. Do contrário, o aluno poderá compreender sua realidade de forma fragmentada, ficando desprovido de elementos teóricos que facilitem a compreensão dessa realidade de um modo mais unitário.

De modo análogo podemos entender o trabalho docente. Não basta ao professor refletir sobre sua prática se essa reflexão não estiver articulada ao contexto institucional-histórico em que ocorre, assim como ao significado social de seu trabalho. Quanto maior a clareza do professor sobre seu exercício docente, maior a possibilidade de os alunos desenvolverem aprendizagens significativas.

Por outro lado, se entendemos que o exercício da docência não é cópia fiel de algo prescrito, tanto pelas instâncias superiores do sistema de ensino quanto pela academia, temos de aceitar que as escolas também não funcionam somente do jeito que o sistema escolar quer. Elas são movidas pela lógica desse sistema, mas em permanente negociação para atender, ainda que parcialmente, aos anseios de pais, alunos e professores. Essa relação de escola, como instituição estatal, e a comunidade escolar é sempre tensa, pois expressa conflitos de interesses, frequentemente antagônicos. A esse respeito, Alves (2003, p. 85) destaca:

> [...] a escola tem uma história diferente da oficial que se caracterizou por mostrar a incompetência permanente da escola, a má formação de seus professores, as carências crescentes de seus alunos e a indiferença dos pais, o que seria redimido pelas sucessivas políticas oficiais.

De outro modo, na construção do PPP, cada escola mobiliza-se para escrever a sua própria história, de modo a impedir que a história oficial a escreva por ela.

No que se refere à flexibilidade do PPP, entendo que ela está implícita à sua própria constituição. Ele não é flexível por si, como documento ou instrumento, mas sim por ser construído pelos seus agentes. Conforme Sacristán (1999, p. 64):

> O projeto ou a ideia é como uma partitura para ser lida, porque, ao ser realizada pelas ações, são introduzidas a indeterminação, a autonomia, a criatividade, as limitações, a liberdade dos intérpretes. O desenvolvimento do currículo por meio das ações sempre faz dele um projeto flexível.

Nesse sentido, a educação escolar é sempre um projeto de intenções que, no entanto, orientam as ações. O PPP da escola, assim como as atividades docentes decorrentes desse projeto, aspiram a objetivos predeterminados que sempre se projetam ao futuro.

Projetar e planejar em Educação é diferente de projetar e planejar em outras áreas. No dicionário, a primeira explicação de *planejar* aparece como "fazer o plano ou planta de; projetar, traçar. Um bom arquiteto *planejará* o edifício" (Ferreira, 1975, p. 1097). Do mesmo modo, podemos argumentar que um bom professor planejará o curso que ministrará, planejará suas aulas. Porém, o planejamento de ensino é diferente do planejamento em arquitetura. O arquiteto, ao planejar, tem de antemão os dados sobre os elementos envolvidos no projeto e quanto mais informações tiver e relações entre esses elementos estabelecer, maior a sua previsibilidade sobre o projeto que tende, na maioria das vezes, a ser concluído como havia sido pensado. Assim o planejamento do arquiteto se concretiza na obra final. Em Educação, o procedimento é diferente, pelo menos por dois motivos. Primeiro, porque por mais informações que o educador tenha disponível, ele nunca terá total controle sobre a situação de ensino, pois esta envolve outros *agentes*. Daí a previsibilidade do educador ao planejar ser sempre relativa, à medida que ele não tem controle sobre a ação dos demais agentes envolvidos. E o outro motivo é simplesmente pelo fato de o educador nunca ver sua obra finalizada. A educação como processo formativo do ser humano é sempre inacabada, como já vimos no primeiro capítulo ao diferenciar a Pedagogia das Ciências da Educação.

> A ciência prática da educação não pode ser apenas uma ciência descritiva, explicativa e interpretativa, será também uma ciência normativa em que a componente utópica (a realidade que se deseja) tem um papel central. É que esta ciência lida com um objeto inconcluído, não podendo, por isto, bastar-lhe o conhecimento de um objeto já construído. (Dias de Carvalho apud Pimenta, 1998, p. 51)

Assim, esse caráter inacabado da Educação é que imprime ao planejamento de ensino uma perspectiva diferente do caso da arquitetura.

A partir desse entendimento, o PPP, como articulador dos diferentes planos de ensino que orientam e registram o trabalho docente, implica em outra concepção de planejamento escolar. De início, já supera a concepção burocratizada dos planos de ensino que devem ser entregues na escola para cumprir um ritual administrativo e, assim, desvinculados do que efetivamente ocorre na sala de aula. Por outro lado, supera a tradição tecnicista de planejamento cuja finalidade é determinar e controlar as ações docentes. De modo diferente, os planos de ensino articulados ao PPP, assim como este, simplesmente buscam direcionar, dar um norte às atividades educativas que se desenvolvem nas escolas. Mesmo porque se o pedagógico, como adjetivo, advém da pedagogia, que é o substantivo, como vimos, ele é constituído *sobre* e *na* prática educativa e assim marcado pela imprevisibilidade da conjugação de diferentes saberes (científicos, experienciados, do senso comum, da etnociência) articulados em ação.

Vale recuperar, ainda, o alerta sobre o emprego burocrático do PPP, que descaracteriza totalmente sua concepção original. A esse respeito, Pimenta (2002, p. 33) utiliza-o para exemplificar:

> [...] uma dessas ideias pedagógicas interessantes que, à guisa de serem introduzidas como exigências burocráticas e autoritárias, acabam por entrar num caldeirão comum, com intencionalidades muito diferentes e mesmo esvaziadas de sua fertilidade.

A esse exemplo, a pesquisadora ainda acrescenta as teorias construtivistas e a organização da escola em ciclos como ideias pedagógicas apropriadas indevidamente. No sentido de inverter essa situação, as escolas e os professores precisam se valer dessas ideias e desses conceitos pedagógicos. Ou seja, os educadores escolares têm a necessidade e a responsabilidade, como profissionais da área, de terem clareza dos conceitos pedagógicos. Clareza de como as ideias pedagógicas foram produzidas, em que contexto, a partir de que fundamentos filosóficos e como poderiam ser aproveitadas em situações específicas de ensino. Os educadores têm inicialmente a necessidade de terem clareza dessas ideias e desses conceitos, pois estes lhes serão úteis no encaminhamento da prática pedagógica. Porém, os profissionais do ensino também têm a responsabilidade perante a opinião pública, mais do que ninguém, de serem os porta-vozes das denúncias referentes à desqualificação do ensino que ocorre por conta da apropriação indevida dessas ideias pedagógicas nas reformas educativas. Ilustram bem essa situação as pesquisas recentes sobre a implantação da escola em ciclos no ensino público paulista:

> [...] autoritária, de cima para baixo, sem condições materiais e sem preparo dos professores, sem orientação pedagógica, sem envolvimento e discussão com os alunos ou mesmo com os pais, acaba por se tornar apenas uma aprovação automática, com graves danos para a qualidade do ensino, funcionando como um processo que aprimora a exclusão social, após a escolaridade. (Pimenta, 2002, p. 33)

Cabe ainda destacar o porquê de projeto *político* e *pedagógico*. Político porque busca um rumo, uma direção intimamente articulada ao seu compromisso sociopolítico: os interesses reais e coletivos da população majoritária. "É político no sentido de compromisso com a formação do cidadão para um tipo de sociedade" (Veiga, 1995, p. 13). Pedagógico porque sua efetivação depende do encaminhamento das ações educativas que permitam atingir suas intencionalidades. Daí político e pedagógico terem uma significação indissociável.

Santiago (1995) associa a dimensão política do PPP aos fatores que dizem respeito aos propósitos que motivaram e mobilizaram o grupo na promoção de mudanças e a dimensão pedagógica, aos fatores que se referem ao nível das mudanças curriculares, metodológicas e administrativas que processualmente devem incidir na escola.

> A unidade dialética desses dois fatores deverá expressar-se nas consequências político-pedagógicas da ação educativa, tais como redução dos índices de reprovação e de evasão, nível de aprendizagem, satisfação pessoal, envolvimento da comunidade, melhoria no padrão de vida... (p. 169)

Entretanto, as ações educativas no interior das escolas não devem ser entendidas somente como aquelas que acontecem em sala de aula.

> O empenho dos educadores na estruturação de projetos político-pedagógicos que confiram unidade e coerência à ação educativa escolar torna evidente que a preocupação com as práticas escolares desloca-se, hoje, da especificidade didático-metodológica para questões mais amplas, relativas ao modelo paradigmático que sustenta a estrutura organizativa da escola. (Santiago, 1995, p. 157)

Dessa constatação, decorrem dois entendimentos. O primeiro reporta-se ao que já se fez referência anteriormente e que diz respeito ao fato de o trabalho docente não ocorrer de forma isolada e desarticulada no interior das escolas. Ou seja, na construção e consolidação do PPP, a ação docente de um professor articula-se cada vez mais às ações docentes dos demais professores, numa perspectiva coletiva de ações organicamente estruturadas. O segundo entendimento refere-se ao fato de as ações educativas escolares não se limitarem ao espaço da sala de aula. Isso quer dizer que no PPP o termo pedagógico assume a sua amplitude ao reportar-se a todas as práticas educativas que se manifestam na escola, incluindo, portanto, aquelas que acontecem fora da sala de aula. Nesse sentido, há um reconhecimento cada vez maior de que a vitalidade do PPP encontra-se justamente em sua capacidade de mobilizar e contextualizar as diferentes práticas escolares: formas de organização administrativa e burocrática, organização e condução do ensino dentro da sala de aula, funcionamento dos setores de apoio, relações com a comunidade...

Santiago (1995) destaca que será objeto de permanente vigilância teórica, tanto quanto são os conteúdos do ensino, as metodologias, a avaliação e as normas administrativas: os serviços mais simples como limpeza, merenda e vigilância, até aqueles com funções específicas de apoio pedagógico, tais como o serviço de supervisão escolar, a orientação educacional, a biblioteca, a assistência em saúde, os clubes, as associações de pais, os grêmios estudantis... Esses últimos serviços tratam-se sim de serviço pedagógico propriamente dito, de práticas educativas que ocorrem no interior das escolas, mas fora da sala de aula. Via de regra, são serviços de *apoio docente*.

A partir dessas considerações e desse entendimento sobre o PPP, identificamos a atuação do pedagogo escolar como articulador do conjunto de práticas educativas que ocorrem tanto *na* quanto *fora* da sala de aula, via projeto político-pedagógico da escola. Articulação esta que só faz sentido se gerar e, ao mesmo tempo, for gerada pelo trabalho coletivo.

ÁREAS DE ATUAÇÃO DO PEDAGOGO ESCOLAR

A concepção de pedagogo escolar que empreendemos neste livro é a de um profissional do ensino que supera a fragmentação tanto de sua formação quanto do exercício de suas funções. Desse modo, busca-se uma unidade em sua atuação profissional a partir da totalidade do trabalho desenvolvido na escola. Se ao professor é necessária a compreensão dessa totalidade para contextualizar sua prática educativa em sala de aula, ao pedagogo essa compreensão é determinante da sua própria prática educativa, tendo em vista que sua intervenção no interior da escola ocorre justamente no âmbito dessa totalidade. Ou seja, no caso do professor, sua especialização é no processo educativo que ocorre em sala de aula. Esse processo, por não ser autônomo, requer o entendimento da totalidade como condição de aprimorá-lo. Já a especialização do pedagogo é na totalidade do trabalho desenvolvido nas escolas justamente porque é diretamente nela que ele interfere.

Isso posto, serão apresentadas quatro grandes áreas de atuação do pedagogo que só podem ser concebidas se interligadas umas às outras. É fundamental considerar que essas áreas não estão sendo aqui apresentadas como *atribuições* de diferentes profissionais nas escolas. Todas elas podem vir a ser áreas de atuação de *um mesmo* pedagogo.

A divisão de funções que pode acontecer deve ser decorrente do tamanho da escola e de suas demandas. Assim, em uma escola muito pequena, apenas um pedagogo pode atuar em todas essas áreas, ao contrário de uma escola muito grande que pode comportar vários pedagogos. Nesse último caso, entendo que a divisão de funções deve emanar a partir do PPP da escola e das afinidades pessoais e profissionais dos diferentes pedagogos em relação às diferentes áreas de atuação.

É também importante destacar que as áreas 'articulação da escola com a comunidade local' e 'coordenação dos programas de desenvolvimento profissional dos educadores' estão sendo apresentadas separadamente, por terem sido identificadas como duas áreas historicamente recentes de atuação do pedagogo. Trata-se de áreas que emergiram como demandas a partir do estudo desenvolvido e apresentado nos capítulos anteriores.

De qualquer modo, o trabalho do pedagogo nessas duas áreas pode acontecer tanto à frente da coordenação do trabalho pedagógico quanto da direção da escola e também simultaneamente em ambas as áreas.

Ainda em relação à "coordenação do trabalho pedagógico" e "direção da escola", buscou-se ressignificá-las na atualidade também a partir das análises empreendidas nos capítulos anteriores.

O PEDAGOGO ESCOLAR E A COORDENAÇÃO DO TRABALHO PEDAGÓGICO

O cerne do trabalho do pedagogo escolar é justamente a coordenação do trabalho pedagógico e o trabalho pedagógico, por sua vez, é o núcleo das atividades escolares. Ele representa o conjunto de todas as práticas educativas que se desenvolvem dentro da escola. Envolve, portanto, as atividades docentes e discentes, assim como as atividades dos demais profissionais não docentes. Entretanto, a referência central do trabalho pedagógico são os processos de ensino e aprendizagem que acontecem em sala de aula.

> [...] o trabalho dos pedagogos circunda a atividade mais importante da escola — que é a sala de aula. Mas o trabalho que determina o fazer pedagógico não se limita à sala de aula; ele a extrapola. (Pimenta, 2002, p. 51)

A coordenação do trabalho pedagógico procede, desse modo, com a articulação dos processos educativos das diferentes aulas de uma mesma turma, das diversas turmas e entre elas e as demais práticas educativas que acontecem em outros espaços escolares. Por *coordenação*, entendemos uma acepção ampla de "aglutinação de pessoas em torno da busca de sentido para as práticas educativas que, embora ocorrendo em vários espaços e tempos da escola, têm (devem ter) uma profunda articulação" (Vasconcellos, 2006, p. 11).

Ela é, nesse sentido, a expressão máxima do trabalho coletivo. De modo que, se não for uma atividade desenvolvida pelo pedagogo *junto* a todos os profissionais da escola, ela se destitui daquilo que a constitui. Em termos efetivos, se ela não expressar a síntese do trabalho coletivo, deixa de ser coordenação à medida que a entendemos como esse somatório dos esforços individuais na busca dos fins educacionais do trabalho escolar. Entretanto, a figura do "coordenador" é imprescindível. A coordenação do trabalho pedagógico é uma prática pedagógica e, como vimos, a pedagogia carece de um agente para que ela se materialize. Do contrário, na ausência de um trabalho articulador, os esforços individuais tendem a esvair-se.

> A organização da escola é competência tanto dos profissionais docentes como dos não docentes. Seria ingênuo advogar que o professor de sala de aula deve suprir todas as funções que estão fora dela, mas que nela interferem, quer dizer, que afetam o trabalho docente, o que não significa que este só atue na sala de aula. (Pimenta, 2002, p. 55)

O trabalho pedagógico, como conjunto das práticas educativas da escola, consubstancia-se no PPP. Se defendemos a atuação do pedagogo escolar via PPP, como profissional estratégico em sua implementação, "a coordenação pedagógica é a articuladora do Projeto Político-Pedagógico da instituição no campo pedagógico" (Vasconcellos, 2006, p. 87).

A articulação do PPP da escola, por sua vez, remete-se o tempo todo ao currículo escolar. Daí, a necessidade de o pedagogo escolar ser um profundo conhecedor de currículo, em seu sentido amplo. É no currículo escolar que se expressa o conhecimento escolar como intercruzamento dos diferentes saberes, dos diferentes tipos de conhecimento. Se entendermos o pedagogo como mediador no desenvolvimento do currículo escolar, sua atuação na coordenação pedagógica ocorre diretamente junto ao corpo docente e discente — agentes fundamentais dos processos de ensino e aprendizagem.

A seguir, focaremos separadamente os serviços de coordenação pedagógica junto aos professores e alunos.

A coordenação do trabalho pedagógico junto aos professores

Segundo Libâneo (2004, p. 219), a coordenação pedagógica responde pela viabilização, integração e articulação do trabalho pedagógico-didático em ligação direta com os professores:

[...] tem como principal atribuição a assistência pedagógico-didática aos professores, para se chegar a uma situação ideal de qualidade de ensino [...], auxiliando-os a conceber, construir e administrar situações de aprendizagem adequadas às necessidades educacionais dos alunos.

Assim, fica evidente que a atuação do pedagogo junto ao professor só faz sentido se não perder de vista que seu fim último é a melhoria da aprendizagem dos alunos. E é justamente por acreditarmos nesse princípio que defendemos a ideia de que a principal atribuição do pedagogo escolar é dar suporte organizacional e pedagógico aos professores. Dessa maneira, sua contribuição em melhorar qualitativamente a aprendizagem dos alunos pode ser mais eficaz do que quando ele atua diretamente junto a eles.

O pedagogo, ao prestar assistência pedagógico-didática aos professores, está mediando as práticas docentes da sala de aula. Mais do que isso, ele dá visibilidade ao trabalho que o professor desenvolve em sala de aula. Tradicionalmente, em escolas sem PPP e/ou coordenação do trabalho pedagógico, o professor ministra suas aulas solitariamente, quase no anonimato. Muitas vezes, por ausência de um trabalho coletivo articulado, ele se apropria de suas aulas — como um espaço privado — e, assim procedendo, seu trabalho não se torna público.

O trabalho de coordenação pedagógica junto ao PPP contribui justamente para tornar públicas à comunidade escolar as atividades desenvolvidas por todos professores de uma mesma turma ou de um mesmo curso, tornando transparente o seu projeto pedagógico.

Segue um conjunto de atribuições da coordenação pedagógica, segundo Libâneo (2004, p. 219-223):

— Responder por todas as atividades pedagógico-didáticas e curriculares da escola e pelo acompanhamento das atividades de sala de aula, visando a níveis satisfatórios de qualidade cognitiva e operativa do processo de ensino e aprendizagem;

— Propor para discussão, junto ao corpo docente, o projeto pedagógico-curricular da unidade escolar;

— Coordenar reuniões pedagógicas e entrevistas com professores visando a promover a inter-relação horizontal e vertical entre disciplinas, estimular a realização de projetos conjuntos entre os professores, diagnosticar problemas de ensino e aprendizagem e adotar medidas pedagógicas preventivas, adequar conteúdos, metodologias e práticas avaliativas;
— Acompanhar o processo de avaliação da aprendizagem (procedimentos, resultados, formas de superação de problemas etc.);
— Cuidar da avaliação processual do corpo docente;
— Acompanhar e avaliar o desenvolvimento do plano pedagógico-curricular e dos planos de ensino e outras formas de avaliação institucional;
— Coordenar e gerir a elaboração de diagnósticos, estudos e discussões para a elaboração do projeto pedagógico-curricular e de outros planos e projetos da escola;
— Assegurar a unidade de ação pedagógica da escola, propondo orientações e ações de desenvolvimento do currículo e do ensino e gerindo as atividades curriculares e de ensino, tendo em vista a aprendizagem dos alunos;
— Prestar assistência pedagógico-didática direta aos professores, através de observação de aulas, entrevistas, reuniões de trabalho e outros meios, especialmente em relação a:
  • elaboração e desenvolvimento dos planos de ensino;
  • desenvolvimento de competências em metodologias e procedimentos de ensino específicos da matéria, incluindo a escolha e utilização do livro didático e outros materiais didáticos;
  • práticas de gestão e manejo de situações específicas de sala de aula, para ajuda na análise e solução de conflitos e problemas de disciplina, na motivação dos alunos e nas formas de comunicação docente;
  • apoios na adoção de estratégias de diferenciação pedagógica, de soluções a dificuldades de aprendizagem dos

alunos, de reforço na didática específica das disciplinas, e de outras medidas destinadas a melhorar a aprendizagem dos alunos, de modo a prevenir a exclusão e a promover a inclusão;
- realização de projetos conjuntos entre os professores;
- desenvolvimento de competência crítico-reflexiva;
- práticas de avaliação da aprendizagem, incluindo a elaboração de instrumentos.

— Cuidar dos aspectos organizacionais do ensino: supervisão das atividades pedagógicas e curriculares de rotina, coordenação de reuniões pedagógicas, elaboração do horário escolar, organização de turmas de alunos e designação de professores, planejamento e coordenação do conselho de classe, organização e conservação de material didático e equipamentos, e outras ações relacionadas ao ensino e à aprendizagem;

— Assegurar, no âmbito da coordenação pedagógica, em conjunto com os professores, a articulação da gestão e organização da escola, mediante:
- exercício de liderança democrático-participativa;
- criação e desenvolvimento de clima de trabalho cooperativo e solidário entre os membros da equipe;
- identificação de soluções técnicas e organizacionais para gestão das relações interpessoais, inclusive para mediação de conflitos que envolvam professores, alunos e outros agentes da escola;

— Propor e coordenar atividades de formação continuada e de desenvolvimento profissional dos professores, visando ao aprimoramento profissional em conteúdos e metodologias e oportunidades de troca de experiências e cooperação entre os docentes.

Como se vê nessa amostragem de ações da coordenação pedagógica junto aos professores, o profissional responsável por elas deve ter um preparo consistente nesse vasto campo de conhecimento pedagógico.

A coordenação do trabalho pedagógico junto aos alunos

Embora óbvio, é sempre necessário lembrar que o destinatário de todo trabalho pedagógico desenvolvido nas escolas são os alunos. Ao destacar a prioridade da coordenação em assistir o professor, o princípio presente é que quanto mais bem encaminhada a atividade docente, melhor a aprendizagem do aluno. Entretanto, a coordenação do trabalho pedagógico deve estar intimamente vinculada ao corpo discente para avaliar constantemente se as atividades encaminhadas são satisfatórias do ponto de vista deles. Se a aprendizagem escolar é marcada por processos educativos desencadeados coletivamente, essa avaliação deve ter como referência os resultados coletivos das diferentes classes. Portanto, a coordenação pedagógica deve ter encontros periódicos para proceder à análise do rendimento escolar com cada turma.

Esse vínculo íntimo entre a coordenação e os alunos é necessário para que o pedagogo, ao assistir o professor, tenha sempre como referência o grupo específico de alunos a que as atividades se voltam.

E é nesse sentido de conhecer os alunos para encaminhar as atividades pedagógicas adequadas que se faz necessário, por extensão, o vínculo com os seus pais ou responsáveis. Estabelecer esse vínculo é um dos desafios do trabalho do pedagogo. Conforme vimos, uma das maiores reclamações dos professores é a falta de envolvimento dos pais com a vida escolar dos seus filhos e cabe a esse profissional a responsabilidade de assumir esse desafio. É claro que sempre com a participação dos professores, mas a iniciativa e a programação das ações devem ser do pedagogo. O contato com os pais deve ser graduado de acordo com os diferentes níveis de ensino: extremamente intenso na Educação Infantil e distanciando-se, cada vez mais, até as séries finais do Ensino Médio.

De qualquer modo, *conhecer* os alunos implica em uma atitude investigativa. É por isso que o pedagogo deve ser formado como pesquisador: para coletar dados, sistematizá-los, analisá-los e compartilhá-los com os professores. Assim, no caso das ações voltadas para os pais, devem privilegiar a escuta deles, em vez de convocá-los para comparecer à escola para ouvirem reclamações contra seus filhos. Ou seja, os pais é que devem ser ouvidos para, posteriormente, a equipe diretiva, juntamente com os professores, propor orientações de como eles podem acompanhar a vida escolar dos filhos.

A coordenação do trabalho pedagógico junto aos alunos deve também contemplar as áreas[15] de atuação tradicionalmente desenvolvidas pela orientação educacional: a orientação profissional, a orientação de estudos, a orientação sexual, dentre outros assuntos demandados pela comunidade escolar local.

Com a extinção do cargo de orientador educacional em várias redes do ensino municipal e estadual do país, parece-nos que os pedagogos pararam de atuar nessas áreas. A proposta de Pimenta (1988) na década de 1980, como vimos, aponta para que esses temas sejam incorporados curricularmente, de forma que não sejam tratados pelos orientadores de modo paralelo e isolado do trabalho desenvolvido pelos professores. A partir da década de 1990, alguns desses assuntos reapareceram com a proposta dos temas transversais, mas, do mesmo modo, parece-me que continua sendo tratado de modo difuso e desconectado do currículo escolar.

Se identificamos como demanda das escolas públicas brasileiras o tratamento desses temas (sexualidade humana, drogas, religiosidade), eles devem ser incorporados, assim como as áreas de orientação profissional e orientação de estudos, no projeto político-pedagógico da escola e, portanto, abordados de modo integrado ao currículo escolar. Entretanto, o pedagogo deve liderar o planejamento e desenvolvimento de projetos específicos nessas áreas. De acordo com as condições e a realidade local da escola, ele pode atuar diretamente junto aos alunos ou não. No entanto, ele deve ser o responsável por esses projetos. Muitas vezes, a escola deixa de tratar desses temas por exigirem uma abordagem interdisciplinar (caso de orientação profis-

---

15. Essas áreas, como já fizemos referência anteriormente, são privilegiadas para debaterem alguns dos temas que devem ser tratados nas escolas atualmente. No caso de orientação profissional, cabe a discussão sobre "as relações entre o mundo do trabalho e a educação"; já em orientação de estudos, fica adequado o tratamento do "papel da escola na atualidade".

sional) ou uma abordagem no campo da moralidade, da ética (caso de sexualidade, drogas, religião). Em qualquer uma dessas situações, a saída é pelo trabalho coletivo. Daí a contribuição do pedagogo em liderar o debate sobre esses temas entre os professores e entre os alunos.

A questão é que não há como o professor desenvolver esses temas sozinho. E na ausência de um trabalho coletivo, eles vão sendo abandonados... Ou seja, temas que deveriam ser nucleares no currículo escolar, ficam secundarizados ou abordados eventualmente. Quando são desenvolvidos, geralmente ocorre de modo pontual como, por exemplo, a organização de uma palestra no ano letivo com algum especialista de área (prevenção do uso indevido de drogas, sexualidade). Embora esses eventos tenham validade (relativa), não substituem um projeto articulado curricularmente ao longo de um período letivo.

Novamente, segundo Libâneo (2004, p. 223), segue um conjunto de outras atribuições da coordenação do trabalho pedagógico, agora, junto aos alunos:

— Apoiar diretamente os alunos com dificuldades transitórias nas aprendizagens instrumentais de leitura, escrita e cálculo, para além do tempo letivo, para integrar se ao nível da turma;

— Organizar formas de atendimento a alunos com necessidades educativas especiais, identificando, articuladamente com os professores, as áreas de desenvolvimento e de aprendizagem que, em cada aluno, manifestem maior fragilidade, bem como a natureza e as modalidades de apoio suscetíveis de alterar ou diminuir as dificuldades inicialmente detectadas;

— Criar as condições necessárias para integrar os alunos na vida da escola mediante atividades para a socialização dos alunos, formas associativas e de participação em decisões etc.

Finalmente cabe destacar que embora as atribuições da coordenação pedagógica, aqui mencionadas, privilegiem o tratamento coletivo junto aos alunos, não desconsideram, em hipótese alguma, o atendimento individualizado de alunos e pais nas escolas. Tanto os alunos quanto os pais têm o direito de um atendimento atencioso e respeitoso. Cabe a todos — profissionais do ensino, pais e alunos — denunciarem e reivindicarem as condições de trabalho necessárias aos educadores para que eles procedam de acordo com esse tipo de atendimento.

O PEDAGOGO ESCOLAR E OS PROGRAMAS DE DESENVOLVIMENTO PROFISSIONAL DOS EDUCADORES

O debate travado sobre a formação do professor no cenário internacional aponta para a demanda de serviços pedagógicos não docentes. Nóvoa (2001, p. 14) estabelece cinco fases formadoras do professor:

> A formação é um ciclo que abrange a experiência do docente como aluno (educação de base), como aluno-mestre (graduação), como estagiário (práticas de supervisão), como iniciante (nos primeiros anos da profissão) e como titular (formação continuada). Esses momentos só serão formadores se forem objeto de um esforço de reflexão permanente.

E em relação à importância dessas diferentes fases de formação, ele afirma:

> Se tivesse de escolher a mais decisiva, ficaria com a dos anos iniciais da profissão. Infelizmente, não se dá a devida atenção a esse período. É ele que define, positiva ou negativamente, grande parte da carreira. Para mim, é inaceitável que uma pessoa que acabou de se formar fique encarregada das piores turmas, *muitas vezes sem apoio nem acompanhamento. Quem está começando precisa, mais do que ninguém, de suporte metodológico, científico e profissional.* (Nóvoa, 2001, p. 14; grifos meus)

Do mesmo modo, Garcia (1999) faz referência aos "Programas de iniciação ao ensino para professores principiantes" ao destacar a importância da figura do professor de apoio ou professor mentor como sendo aquele responsável pelo acolhimento, acompanhamento e transmissor da cultura escolar aos novos professores. Tanto o suporte metodológico, científico e profissional necessário ao professor iniciante, a que se refere Nóvoa (2001), quanto às responsabilidades atribuídas ao professor de apoio ou professor mentor remetem as funções do pedagogo escolar.

No Brasil, os estudos voltados para a atuação do coordenador pedagógico nas escolas têm enfatizado a importância de seu trabalho na implantação e no acompanhamento dos programas de Educação em serviço dos professores (Christov, 2001; Domingues, 2004; Fusari, 1997; 2001; Garrido, 2001; Libâneo, 2004; Souza, 2005; Vasconcellos, 2006), tanto dos iniciantes (Franco, 2001) quanto dos demais professores. Outros estudos têm destacado a importância da atuação do diretor da escola nessa área (Barros, 2004; Libâneo, 2004) ou ainda dos supervisores de ensino (Tachinardi, 2004). Portanto, aqui no Brasil, ao defenderem a importância dos serviços de apoio à Educação em serviço dos professores, os pesquisadores também se remetem às funções do pedagogo escolar.

Cabe agora examinarmos como entendemos a formação em serviço dos professores.

A formação de professores em serviço

O trabalho de formação de professores em serviço (iniciantes ou não) tem sido tema recorrente nas políticas governamentais nas últimas décadas, assim como na literatura acadêmica da área educacional.

Candau (1996) focaliza a problemática da formação contínua de professores em dois momentos. O primeiro é o considerado clássico como perspectiva de formação contínua de docentes: "a ênfase é posta na 'reciclagem' dos professores. Como o próprio nome indica, 'reciclar' significa 'refazer o ciclo', voltar e atualizar a formação recebida" (p. 140).

Nessa perspectiva, o local de atualizar a formação recebida não poderia ser outro senão aquele onde ocorreu a formação inicial, ou seja, na universidade. Enfatiza-se dessa maneira "a presença nos espaços considerados tradicionalmente como o *locus* de produção do conhecimento" (Candau, 1996, p. 141): a universidade e outros locais a ela articulados.

Segundo a autora, esse modelo de formação contínua reproduz o entendimento de que a universidade é o *locus* de produção do conhecimento enquanto os professores do ensino básico são os responsáveis pela aplicação, socialização e transposição didática desse conhecimento universitário.

> Se o conhecimento é um processo contínuo de construção, desconstrução e reconstrução, estes processos também não se dão na prática pedagógica cotidiana reflexiva e crítica? (Candau, 1996, p. 142)

Dessa maneira, a autora aponta de forma indagadora a presença de uma concepção dicotômica entre teoria e prática, reforçada na separação entre aqueles que produzem conhecimento daqueles responsáveis pela socialização desses conhecimentos.

Na busca de superação dessa visão clássica de formação contínua de professores, Candau (1996) aborda três teses que sintetizam atualmente os principais eixos de investigação entre os pesquisadores da área. Estas se referem ao segundo momento, identificado pela autora, em relação à problemática de formação contínua de professores no Brasil.

A primeira tese refere-se ao *locus* da formação, que deve privilegiar a própria escola, ou seja, deslocar o *locus* da formação contínua de professores da universidade para a própria escola de educação básica. Dessa maneira, valoriza-se o conhecimento produzido pelo professor em seu cotidiano escolar, onde "ele aprende, desaprende, reestrutura o aprendido, faz descobertas e [...] vai aprimorando sua formação" (Candau, 1996, p. 144).

A segunda tese reporta-se à valorização do saber docente. Nessa linha de reflexão, ainda segundo Candau (1996, p. 145), os seguintes questionamentos são feitos:

Que saber possuem os professores?; São esses profissionais simplesmente canais de transmissão e socialização de saber produzido por outros profissionais?; Constroem eles alguns saberes específicos?; Que tipo de relação esses saberes têm com as chamadas ciências da educação?

Assim, é necessário reconhecer e valorizar o saber que os professores trazem da experiência docente nos programas de educação contínua, articulando-o com os saberes academicamente produzidos.

Na terceira tese, que discute o ciclo de vida dos professores, a autora recorre aos estudos de Huberman que identifica cinco etapas básicas na carreira docente:

> [...] que não devem ser concebidas de uma forma estática e linear e sim em relação dialética: a entrada na carreira, etapa de "sobrevivência e descoberta"; a fase de estabilização, momento de identificação profissional e segurança; a fase de diversificação, momento de questionamento, de experimentação, de buscas plurais; o momento de serenidade e distância afetiva e/ou de conservadorismo e lamentações e, finalmente, atinge-se um momento de desinvestimento, de recuo e interiorização, característico do final da carreira profissional. (Candau, 1996, p. 149)

Vera Candau (1996), considerando essas diferentes etapas do ciclo de desenvolvimento profissional, destaca que tomar consciência de que as necessidades, os problemas, as buscas dos professores, não sendo as mesmas, implica em repensar os programas de educação contínua, adequando-os aos diferentes públicos-alvo.

Esse é um trabalho que o pedagogo escolar deve encaminhar nas unidades escolares. Ele assume um papel fundamental na condução das atividades pedagógico-administrativas de formação contínua e pesquisa. De acordo com Fusari (2001, p. 22):

> A formação contínua de educadores que atuam na escola básica será mais bem sucedida se a equipe escolar, liderada pelos diretores e coordenadores [...], encará-la como valor e condição básicos para o desenvolvimento profissional dos trabalhadores em educação.

O pedagogo escolar, além do papel de liderança no interior da escola, possui também poder de decisão que pode implementar algumas condições básicas para o desenvolvimento profissional docente. A organização do trabalho na escola, em seu entorno administrativo-pedagógico e burocrático da sala de aula — responsabilidade da equipe pedagógica —, pode influir favoravelmente ou não no processo de construção do saber fazer docente.

No processo reflexivo sobre o trabalho docente, o professor deve dominar elementos teóricos que favoreçam a análise da realidade em que atua, identificando os problemas que dela emanam. Além disso, exige-se dele um preparo profissional para encaminhar as possíveis soluções aos problemas identificados.

Entretanto, a investigação da realidade escolar é um trabalho coletivo a ser desenvolvido por todos os educadores e que pode ser desencadeado e coordenado nas escolas pelos pedagogos.

Por outro lado, ao considerar a peculiaridade do trabalho docente, que em sala de aula é uma atividade solitária, a reflexão que o professor desenvolve sobre sua própria ação é limitada, uma vez que ela fica circunscrita à sua percepção individual. O exercício de reflexão sobre a prática docente deve ser, por excelência, um trabalho em equipe que emana do envolvimento coletivo no interior da escola sobre o repensar das práticas individuais desenvolvidas em sala de aula, mas analisadas e planejadas coletivamente.

Nesse sentido, o pedagogo escolar pode ainda contribuir com esse processo de reflexão sobre a ação docente, participando das aulas ministradas pelos professores. Ele pode colaborar com o professor em sala de aula, problematizando situações, refletindo sobre o porquê de ter tomado determinada decisão etc.

O professor, refletindo sozinho sobre sua prática em sala de aula, interpreta diferentes aspectos do processo ensino-aprendizagem obviamente por ele selecionados. A presença do pedagogo, na sala de aula, permite ampliar a reflexão sobre a ação docente à medida que pode contribuir na observação de aspectos relevantes que podem passar despercebidos pelo professor. Ou seja, o coordenador pedagógico pode possibilitar ao professor o compartilhamento da sua ação em sala de aula e pode também contribuir com a reflexão sobre a ação docente, anotando as ocorrências da aula para posterior discussão, assim como colaborar na identificação de problemas que o professor sozinho poderia não identificar.

É assim que a própria atuação do pedagogo dentro das escolas é em si uma ação que contribui com a formação contínua dos professores, quando

> [...] prestam assistência pedagógico-didática aos professores, coordenam reuniões e grupos de estudo, supervisionam e dinamizam o projeto pedagógico, auxiliam na avaliação da organização escolar e do rendimento escolar dos alunos, trazem materiais e propostas inovadoras, acompanham as aulas, prestam assistência na utilização de novos recursos tecnológicos como o computador, a Internet. (Libâneo, 2004, p. 229)

A formação em serviço dos profissionais não docentes da escola

Falarmos em Programas de Desenvolvimento Profissional dos Educadores implica no entendimento que a educação em serviço ocorre paralelamente à oferta de condições de trabalho — tanto material quanto não material — para que todos os profissionais da escola efetivamente se desenvolvam profissionalmente.[16] Implica também pensarmos na formação em serviço dos demais profissionais da escola — os não docentes. Ou seja, aqueles comumente identificados por funcionários e os pedagogos.

Como sabemos, os funcionários das escolas são contratados com atribuições específicas de acordo com os cargos ocupados: merendeira,

---

16. Sobre o conceito de desenvolvimento profissional docente, consultar Almeida, 1999.

porteiro, bibliotecária, secretária etc. Entretanto, como funcionários escolares, todos eles assumem outra função não prevista legalmente em suas profissões. Trata-se da função *educativa* junto aos alunos. Esses profissionais realizam o papel de educador extraclasse:

> Os alunos estão ali por todos os lugares, nos intervalos e fora deles, precisam de atenção, cuidado, apoio [...]. [...] o processo educativo é contínuo e os funcionários suprem parte da demanda destes estudantes. Não se trata daquela demanda pelo ensino formal, mas sim daquela que diz respeito aos valores e às atitudes. Neste sentido, cada um destes profissionais tem uma contribuição importante na formação educacional dos alunos. Eles compõem os modelos mais próximos para as relações sociais e profissionais do dia a dia. A merendeira auxilia na ordem e disciplina, enquanto oferece o lanche; o porteiro oferece limites para aqueles que chegam atrasados [...]. (Codo, 2000, p. 366)

Codo (2000), assim como Libâneo (2004), destaca que as aprendizagens que ocorrem na escola sob a responsabilidade desses profissionais precisam ser reconhecidas, pois isso significa oferecer-lhes orientações sobre os aspectos educativos de suas funções junto aos alunos. E essa deve ser uma das atribuições do pedagogo.

O pedagogo pode promover reuniões sistemáticas com esses profissionais para ouvi-los e orientá-los. Frequentemente, eles observam atitudes dos alunos em espaços escolares que nem professores e pedagogos observam. Em grupo, podem estabelecer ações coletivas comuns no campo de formação de atitudes e valores junto aos alunos. Esse é um trabalho que deve estar previsto e articulado ao projeto político-pedagógico da escola.

Do mesmo modo, devem estar previstas, nos Programas de Desenvolvimento Profissional dos Educadores, atividades voltadas para a Educação em serviço dos próprios pedagogos. A equipe diretiva da escola também tem que estudar os temas e assuntos que envolvem o seu trabalho. Também precisa refletir em grupo sobre as suas práticas. É desse modo que vão se afinando como uma equipe coesa que trabalha de modo integrado.

A formação na escola dos estagiários das licenciaturas

Os Programas de Desenvolvimento Profissional dos Educadores também podem integrar as atividades de estágio dos alunos-professores em formação inicial. O pedagogo pode ser o responsável pela organização e pelo encaminhamento dessas atividades nas unidades escolares, tornando-se o elo entre estas e as universidades, e "considerando que a relação entre as instituições formadoras e as escolas pode representar a continuidade da formação para os professores das escolas, assim como para os formadores" (Severino; Pimenta, 2004, p. 18). Os pedagogos podem sugerir a realização de projetos conjuntos, de modo que articule as atividades de estágio com o PPP da escola em forma de projetos interinstitucionais.

Nesse sentido, é importante destacar a relevância dos Programas de Desenvolvimento Profissional dos Educadores no contexto histórico em que vivemos de profissionalização docente na Educação Infantil. Com a integração das antigas creches e pré-escolas, as professoras desse nível da Educação Básica passam por uma nova e unitária constituição de identidade profissional. As então "cuidadoras de crianças" das creches tornam-se professoras e as pedagogas que atuam na Educação Infantil nos sistemas municipais de ensino têm um grande desafio nessa transição profissional.

Finalmente, é necessário lembrar que os conteúdos dos programas de Educação em serviço dos profissionais da escola devem contemplar os temas aos quais já fizemos referência anteriormente: o papel da escola na atualidade, as relações entre o mundo do trabalho e a educação, a sexualidade humana, o uso de drogas, as relações entre os diferentes tipos de conhecimento (religioso, de senso comum, mítico, científico), as informações da mídia etc. Esses assuntos podem ser desenvolvidos em atividades comuns entre todos os profissionais da escola ou direcionados para cada segmento profissional (professores, funcionários, pedagogos), de acordo com o tema ou conforme a ênfase com a qual será tratado junto a eles.

O PEDAGOGO ESCOLAR E A ARTICULAÇÃO DA ESCOLA COM A COMUNIDADE LOCAL

Tem sido consensual, entre os educadores, a compreensão de que o envolvimento da comunidade local no trabalho desenvolvido pelas escolas é fator preponderante na melhoria da qualidade do ensino. Entretanto, a participação dos pais nas escolas tem sido conflituosa, pois, ao expressarem seus interesses, frequentemente ocorre uma polarização em relação aos interesses dos professores e demais funcionários da escola. Segundo Paro (2000, p. 301):

> [...] não se trata de ignorar ou minimizar a importância desses conflitos, mas de levar em conta sua existência, bem como suas causas e suas implicações na busca da democratização da gestão escolar, como condição necessária para a luta por objetivos coletivos de mais longo alcance, como o efetivo oferecimento de ensino de boa qualidade para a população.

Ninguém melhor do que os pedagogos para administrarem esses conflitos de interesses. Ademais, eles já devem estar preparados para administrarem os conflitos entre professores, entre alunos e entre estes e aqueles. Pelos cargos estratégicos que ocupam, cabe aos pedagogos facilitarem a aproximação da comunidade local à escola. Cabe a eles procurarem pelos pais, associações e outras entidades do entorno da escola para proporem atividades, programas e projetos em parceria.

Assim como é impelido a ser o elo entre a unidade escolar e as demais instâncias do sistema de ensino, o pedagogo pode ser, de modo deliberado, o elo entre a escola e as entidades da comunidade local. Pelas posições que ocupa na escola, ele pode assumir o papel de articulador no trabalho de integração entre a escola e a comunidade. Trata-se da figura do *Coordenador Comunitário*, identificada por Paro (2002, p. 112) ao propor um conselho diretivo para dirigir a escola que "cuidaria mais de perto das medidas necessárias para promover o envolvimento da comunidade, em especial os usuários, na vida da escola".

Do mesmo modo que o pedagogo deve ter ascendência junto aos professores e alunos, ele deve tê-la em relação aos pais e, por extensão, ser reconhecido como uma figura importante no relacionamento da população com a escola local. A partir do elo estabelecido entre escola-comunidade é que o pedagogo pode viabilizar o intercâmbio entre as experiências educativas praticadas pelos alunos fora da escola com as que acontecem dentro dela.

Por outro lado, essa integração mais macro da escola com a comunidade pode facilitar, estrategicamente, a aproximação dos pais à vida escolar de seus filhos, atendendo assim ao reclamo dos professores participantes das entrevistas apresentadas no capítulo anterior.

É ainda nessa perspectiva de atuação do pedagogo como articulador do trabalho desenvolvido na escola com a comunidade que ele também pode tornar-se elo entre a unidade escolar e as instituições de ensino superior, viabilizando, como já vimos, projetos em comum, atendimento ao estagiário etc.

É também nesse campo de atuação que o pedagogo desenvolve os estudos investigativos de reconhecimento e caracterização do alunado, da comunidade local. Assim como o professor utiliza-se de princípios investigativos para analisar os processos de ensino e aprendizagem que transcorrem em sala de aula, o pedagogo pode utilizar-se deles para ampliar a análise empreendida pelos professores, a partir de outros dados coletados que extrapolam os limites internos da sala de aula. Nesse sentido, o pedagogo assume o papel de pesquisador-articulador do conjunto das investigações, desenvolvidas por cada professor em sala de aula, com as demais atividades investigativas por ele elaboradas no âmbito mais geral da escola.

O PEDAGOGO ESCOLAR NA DIREÇÃO DA ESCOLA

Como já afirmamos, a área de maior tradição na atuação do pedagogo é a direção escolar. Em decorrência dessa tradição e da posição de poder que o cargo de diretor ocupa, podemos afirmar que esse campo de trabalho do pedagogo ainda é o mais respeitado e reconhecido profissionalmente.

Segundo Libâneo (2004, p. 215), a tarefa da direção visa:

— Dirigir e coordenar o andamento e o clima dos trabalhos, assim como e eficácia na utilização dos recursos e meios, em função dos objetivos da escola;

— Assegurar o processo participativo de tomada de decisões e cuidar para que essas decisões se convertam em ações concretas;

— Assegurar a execução coordenada e integral das atividades da escola, com base nas decisões tomadas coletivamente;

— Articular as relações interpessoais na escola e entre a escola e a comunidade (especialmente os pais).

Essas funções atribuídas à direção da escola estão associadas ao entendimento de uma gestão escolar participativa.

Direção e gestão escolar

Desde os anos 1980, sob influência das teorias críticas em educação e do movimento da redemocratização política do país, a direção escolar passou a ser alvo de muitas críticas que a condenavam como um espaço centralizador de decisões e, como decorrência, marcada por práticas autoritárias.

Assim, a concepção de gestão democrático-participativa opõe-se ao caráter conservador da tradição da administração escolar em nosso país. Libâneo (2004) caracteriza essa concepção de gestão escolar a partir dos seguintes princípios: autonomia das escolas e da comunidade educativa; relação orgânica entre a direção e a participação dos membros da equipe escolar; envolvimento da comunidade no processo escolar; planejamento das tarefas; formação contínua para o desenvolvimento pessoal e profissional dos integrantes da comunidade escolar; utilização de informações concretas e análise de cada problema em seus múltiplos aspectos, com ampla democratização das informações; relações humanas produtivas e criativas assentadas na busca de objetivos comuns; e finalmente uma avaliação compartilhada. Como podemos observar, a gestão democrático-participativa difere totalmente da administração escolar marcada pela transposição dos princípios da administração empresarial para o interior das escolas, cuja marca é a centralização na tomada de decisões. A transposição desses princípios, que já foi analisada e criticada por diversos autores (Arroyo, 1979; Tragtenberg, 1985; Paro, 1999) é assim sintetizada por Silva Jr. (2000, p. XI):

> Não há [...] o que derivar da administração genérico-empresarial para a administração das escolas públicas. No caso das escolas privadas, talvez lhes seja útil a insistência com o dogma do mercado e a análise da viabilidade econômica de seus segmentos. No caso das escolas públicas, nada disso está em causa. Diferentemente das escolas privadas, que podem selecionar seu "público-alvo" e se organizar em função de sua escolha com vistas ao incremento de sua lucratividade [...], as escolas públicas são instâncias de promoção de um direito universal — o direito à educação — e devem garantir à toda população o seu exercício.

O debate sobre a transferência das teorias do campo da administração das empresas para as escolas, assim como as críticas às práticas autoritárias na direção escolar e as possibilidades de sua superação, foram temas ricos no âmbito das teorias críticas em educação no final dos anos 1970 e ao longo dos anos 1980. Entretanto, nos anos 1990, este debate ficou embaralhado com a defesa da gestão democrática sob os princípios do pensamento neoliberal. É no contexto de implantação das reformas educacionais implementadas no país nas duas últimas décadas que a expressão *gestão escolar* se universalizou e a *direção escolar* dissipou-se.

> No imaginário coletivo e em consideráveis segmentos do discurso educacional brasileiro, gestão significa *gestão empresarial*, o que leva ao em-

botamento da produção do significado de *gestão educacional* e à mercadorização de seus critérios de ação. (Silva Jr., 2002, p. 203)

Em que pese essa hegemonia semântica do conceito de *gestão* no debate educacional brasileiro a partir da influência das (neo)teorias administrativas, sob os princípios do toyotismo, alguns pesquisadores têm buscado preservar a perspectiva progressista da *gestão escolar* que

> [...] se destina à promoção humana [...] responsável por garantir a qualidade de uma 'mediação no seio da prática social global', que se constitui no único mecanismo de hominização do ser humano, que é a educação, a formação humana de cidadãos. Seus princípios são os princípios da educação que a gestão assegura serem cumpridos — uma educação comprometida com a 'sabedoria' de viver junto respeitando as diferenças, comprometida com a construção de um mundo mais humano e justo para todos os que nele habitam, independentemente de raça, cor, credo ou opção de vida. (Ferreira, 2001, p. 306)

Nessa perspectiva, *gestão escolar* é um termo que se afirma no âmbito da administração da educação como seu sinônimo e se instala com um sentido mais dinâmico, traduzindo movimento, ação, mobilização, articulação.

Libâneo (2003, p. 318) define gestão como "a atividade pela qual são mobilizados meios e procedimentos para atingir os objetivos da organização, envolvendo, basicamente, os aspectos gerenciais e técnico-administrativos" e destaca que há várias concepções de *gestão*: centralizada, colegiada, cogestão e a gestão participativa, como já vimos. O autor relaciona os conceitos de *gestão* e *direção* da seguinte maneira:

> A direção é princípio e atributo da gestão, por meio da qual é canalizado o trabalho conjunto das pessoas, orientando-as e integrando-as no rumo dos objetivos. Basicamente, a direção põe em ação o processo de tomada de decisões na organização e coordena os trabalhos, de modo que sejam realizados da melhor maneira possível. (Libâneo, 2003, p. 318)

Assim relacionadas, gestão e direção são duas dimensões do processo de tomada de decisões. Enquanto a gestão participativa é marcada por propósitos decididos coletivamente e expressos no PPP, a direção escolar deve garantir o encaminhamento e implementação do que foi decidido pelo grupo. Trata-se de uma coordenação do esforço humano coletivo, segundo Paro (2002).

E por que um pedagogo à frente de um cargo predominantemente administrativo? Porque nas escolas os aspectos técnico-administrativos (atividades-meio) estão impregnados do caráter educativo e formativo (Libâneo, 2003). Além disso, o diretor da escola na liderança da gestão participativa tem uma grande responsabilidade no processo de decisões. Como em todo processo decisório, a qualidade da decisão tomada depende diretamente do conhecimento sobre o conjunto de elementos disponíveis que as pessoas têm para proceder com a escolha. Na escola cujas atividades-fim reportam-se a aspectos pedagógicos, a gestão participativa envolve pessoas (pais, alunos, funcionários, professores) em diferentes níveis de conhecimento sobre esses aspectos. À medida que praticamente todas as decisões tomadas nas escolas são decisões de cunho educativo, consequentemente envolvem aspectos pedagógicos e não se pode considerar que alunos, pais, professores, pedagogos e demais funcionários da escola tenham o mesmo repertório pedagógico. Assim, cabe ao diretor, como liderança pedagógica, alimentar o grupo com o maior detalhamento possível sobre os diferentes aspectos de cada situação analisada para a tomada de decisão coletiva.

Sobre o acesso aos cargos de direção

Outro tema recorrente na área de direção escolar refere-se aos procedimentos de acesso ao cargo. Dados do Instituto Nacional de Estudos e Pesquisas Educacionais do Ministério da Educação (INEP) mostram que, em 2004, 59,8%[17] dos cargos ocupados nas escolas pú-

---

17. "Político escolhe 60% dos diretores de Escola". *Folha de S.Paulo*, 18/9/2005, Caderno Cotidiano.

blicas do país eram diretores que haviam sido escolhidos por indicação da prefeitura ou do governo do estado. O restante, ou seja, cerca de 40%, eram ou eleitos pelos professores ou concursados. A indicação política, como sabemos, por não ser transparente, permite que o cargo fique sujeito a nomeações político-partidárias, possibilitando nomear pessoas sem vínculos com a comunidade escolar. Além disso, há o problema da descontinuidade, uma vez que havendo mudanças no governo pode ocorrer mudança na direção da escola.

O cruzamento dos dados de acesso ao cargo de diretor com os resultados do Sistema de Avaliação da Educação Básica (SAEB) permitiu à coordenação do INEP constatar que os alunos que estudavam em escolas dirigidas por diretores nomeados politicamente tinham o pior desempenho no conjunto das escolas estatais do país. Esses dados impressionantes são inaceitáveis e devem ser combatidos com políticas públicas que acabem com essas práticas clientelísticas dos governantes, que causam mais esse prejuízo ao ensino público brasileiro.

Entretanto, a alternativa de *eleição* para acesso ao cargo de diretor[18] não tem resolvido satisfatoriamente a complexa tarefa de dirigir uma escola, apesar, é claro, do avanço que representa em relação à indicação política. O problema maior na eleição para os dirigentes escolares é não exigirem dos candidatos uma formação especializada no campo da pedagogia escolar. Segundo Aguiar (2002), o principal argumento apresentado por representações sindicais dos professores para a não exigência dessa formação específica é de que *cargos de poder não podem ser reserva de mercado de determinado curso*. Esse mesmo equívoco ocorre com a criação da função do Professor Coordenador Pedagógico (PCP) na rede estadual paulista de ensino. Também nesse caso, o PCP é eleito pelos seus pares e, como vimos, os próprios professores que participaram dessa pesquisa identificam que falta nesse profissional um preparo pedagógico específico para a função que exerce.

Ainda em relação à gestão democrático-participativa, é importante destacar como a atuação do pedagogo nesse tipo de gestão escolar

---

18. Para um aprofundamento dessa temática, consultar Aguiar (2002) e Dourado (2003).

contribui com o desempenho profissional, assim como com o bem-estar pessoal do professor. A pesquisa sobre exaustão emocional em docentes, coordenada por Codo (2000), também aponta relação entre *burnout* e o tipo de gestão nas escolas:

> [...] o tipo de gestão adotado pelas escolas é uma variável que 'intervém' no cenário escolar, propiciando ou limitando o sofrimento psíquico dos trabalhadores. Mas, por quê? Quais os fatores derivados do tipo de gestão que fazem intermediação entre a gestão e a exaustão emocional? [...]
> Nossa pesquisa mostrou haver a tendência de que [...] escolas de gestão tradicional mostram mais frequentemente diversos tipos de problemas [...]. Facilmente, pode se estabelecer um contraponto bastante claro entre este tipo de gestão e a [...] democrática e participativa. De fato, todos os indicadores socioeducativos são mais problemáticos nas escolas que adotaram uma gestão do tipo tradicional, e vice-versa. (p. 334-335)

Para finalizar, com a contribuição de Libâneo (2004) e Pimenta (2002), segue a título de ilustração um conjunto de atribuições do diretor que, a partir da organização administrativa da escola, dá sustentação ao seu serviço pedagógico:

— Supervisionar e responder por todas as atividades administrativas e pedagógicas da escola bem como as atividades com os pais e a comunidade e com outras instâncias da sociedade civil.

— Assegurar as condições e meios de manutenção de um ambiente de trabalho favorável e de condições materiais necessárias à consecução dos objetivos da escola, incluindo a responsabilidade pelo patrimônio e sua adequada utilização.

— Promover a integração e a articulação entre a escola e a comunidade próxima, com o apoio e iniciativa do Conselho de Escola, mediante atividades de cunho pedagógico, científico, social, esportivo, cultural.

— Organizar e coordenar as atividades de planejamento e do projeto pedagógico-curricular, juntamente com a coordenação pedagógica, bem como fazer acompanhamento, avaliação e controle de sua execução:

- Compondo turmas, turnos e horários adequados a critérios pedagógicos que favoreçam a aprendizagem;
- Assegurando horários para reuniões pedagógicas, abrindo espaço para discussão sobre questões do ensino, para a troca de experiências, para o estudo sobre temas de educação que favoreçam a melhoria da qualidade do trabalho docente;
- Articulando as disciplinas do currículo de modo que assegurem conteúdos orgânicos.

— Conhecer a legislação educacional e do ensino, as normas emitidas pelos órgãos competentes e o Regimento Escolar, assegurando o seu cumprimento.

— Garantir a aplicação das diretrizes de funcionamento da instituição e das normas disciplinares, apurando ou fazendo apurar irregularidades de qualquer natureza, de forma transparente e explícita, mantendo a comunidade escolar sistematicamente informada das medidas.

— Conferir e assinar documentos escolares, encaminhar processos ou correspondências e expedientes da escola, de comum acordo com a secretaria escolar.

— Supervisionar a avaliação da produtividade da escola em seu conjunto, incluindo a avaliação do projeto pedagógico, da organização escolar, do currículo e dos professores:

- Acompanhando o rendimento dos alunos e prevendo formas de suprir possíveis requisitos, sem rebaixar o nível do ensino.

— Buscar todos os meios e condições que favoreçam a atividade profissional dos pedagogos especialistas, dos professores, dos funcionários, visando à boa qualidade do ensino:

- Prevendo capacitação em serviço e assistência didático-pedagógica constante aos professores, de forma que assegure o retorno dos benefícios para a escola;

- Definindo equipes didático-pedagógicas (orientação pedagógica e educacional) de assessoria à atividade docente na escola.
— Supervisionar e responsabilizar-se pela organização financeira e controle das despesas da escola, em comum acordo com o Conselho de Escola, pedagogos especialistas e professores.

Como podemos observar, várias ações da direção escolar se voltam diretamente ao serviço de apoio pedagógico, mas a maior parte delas se reporta à organização administrativa da escola. Entretanto, essas atribuições administrativas devem ser sempre assumidas com clareza do vínculo que estabelecem com o serviço pedagógico e de sua submissão a ele. Para tanto, o profissional à frente da direção da escola não pode ser um administrador ou um gestor qualquer: ele tem de ser um pedagogo, um especialista na pedagogia escolar.

Referências bibliográficas

AGUIAR, M. A. S. Espaço de gestão na formação do profissional de educação. In: MACHADO, L. M.; FERREIRA, N. S. C. (Orgs.). *Política e gestão da educação*: dois olhares. Rio de Janeiro: DP&A, 2002.

ALBUQUERQUE, A. E. M. Educação e autoritarismo: por uma gestão democrática do espaço escolar. *Linhas Críticas*, Faculdade de Educação da UnB, v. 10, n. 18, 2004.

ALMEIDA, M. I. *O sindicato como instância formadora dos professores*: novas contribuições ao desenvolvimento profissional. Tese (Doutorado) — Faculdade de Educação da Universidade de São Paulo, São Paulo, 1999. 225p.

ALVES, N. No cotidiano da escola se escreve uma história diferente da que conhecemos até agora. In: COSTA, M. V. *A escola tem futuro?* Rio de Janeiro: DP&A, 2003.

ARROYO, M. G. Administração da educação, poder e participação. *Educação & Sociedade*, Campinas, n. 2, p. 36-46, jan. 1979.

_____. A escola é importantíssima na lógica do direito à educação básica. In: COSTA, M. V. *A escola tem futuro?* Rio de Janeiro: DP&A, 2003.

BARROS, C. O. T. *O papel do diretor escolar na formação em serviço*: um estudo da proposta de formação da Secretaria Municipal de Educação de São Bernardo do Campo. Dissertação (Mestrado) — Faculdade de Educação da Universidade de São Paulo, São Paulo, 2004. 226p.

BRZEZINSKI, I. *Pedagogia, pedagogos e formação de professores*. Campinas: Papirus, 1996.

CANÁRIO, R. Parar de transformar crianças e adolescentes em alunos. *Folha de S.Paulo*, 29 jul. 2003, Caderno Sinapse.

CANDAU, V. Formação continuada de professores: tendências atuais. In: REALI, A.; MIZUKAMI, M. (Orgs.). *Formação de professores*: tendências atuais. São Carlos: EDUFSCar, 1996.

CHAGAS, V. *Formação do magistério*: novo sistema. São Paulo: Atlas, 1976.

CHRISTOV, L. H. S. Educação continuada: função essencial do coordenador pedagógico. In: ARCHANGELO, A. et al. *O coordenador pedagógico e a educação continuada*. 4. ed. São Paulo: Loyola, 2001.

CODO, W. (Coord.). *Educação*: carinho e trabalho. 2. ed. Petrópolis: Vozes, 2000.

COSTA, C. *Sociologia*: introdução à ciência da Sociedade. 2. ed. São Paulo: Moderna, 1997.

CURY, C. R. J. *Educação e contradição*: elementos metodológicos para uma teoria crítica do fenômeno educativo. São Paulo/Campinas: Cortez/Autores Associados, 1986.

DIAS DE CARVALHO, A. *Epistemologia das ciências da educação*. Porto: Edições Afrontamento, 1996.

DOMINGUES, I. *O horário de trabalho coletivo e a (re)construção da profissionalidade docente*. Dissertação (Mestrado) — Faculdade de Educação da Universidade de São Paulo, São Paulo, 2004. 182p.

DOURADO, L. F. A escolha de dirigentes escolares: políticas e gestão da educação no Brasil. In: FERREIRA, N. S. C. (Org.). *Gestão democrática da educação*: atuais tendências, novos desafios. 4. ed. São Paulo: Cortez, 2003.

ESTRELA, A. *Pedagogia, ciência da educação?* Porto: Porto Editora, 1992.

FERNANDES, M. J. S. *Problematizando o trabalho do professor coordenador pedagógico nas escolas públicas paulistas*. Dissertação (Mestrado) — Universidade Estadual Paulista, Araraquara, 2004. 114 p.

FERREIRA, A. B. de H. *Novo dicionário da língua portuguesa*. Rio de Janeiro: Nova Fronteira, 1975.

FERREIRA, N. S. C. Gestão democrática da educação: ressignificando conceitos e possibilidades. In: FERREIRA, N. S. C.; AGUIAR, M. A. S. (Orgs.). *Gestão da educação*: impasses, perspectivas e compromissos. 3. ed. São Paulo: Cortez, 2001.

FRANCO, C. F. O coordenador pedagógico e o professor iniciante. In: BRUNO, E. B. G.; ALMEIDA, L. R.; CHRISTOV, L. H. S. *O coordenador pedagógico e a formação docente*. 2. ed. São Paulo: Loyola, 2001.

FRANCO, M. A. S. *Pedagogia como ciência da educação*. Campinas: Papirus, 2003.

FREIRE, P. *Pedagogia do oprimido*. 6. ed. Rio de Janeiro: Paz e Terra, 1978.

FUSARI, J. C. *Formação contínua de educadores*: um estudo de representações de coordenadores pedagógicos da Secretaria Municipal de Educação de São Paulo. Tese (Doutorado) — Faculdade de Educação da Universidade de São Paulo, São Paulo, 1997.

_____. Formação contínua de educadores na escola e em outras situações. In: BRUNO, E. et al. (Orgs.). *O coordenador pedagógico e a formação docente*. 2. ed. São Paulo: Loyola, 2001.

GARCIA, C. M. Formação de professores principiantes. In: GARCIA, C. M. *Formação de professores para uma mudança educativa*. Porto: Porto Editora, 1999. p. 110-130.

GARRIDO, E. Espaço de formação continuada para o professor-coordenador. In: BRUNO, E. B. G.; ALMEIDA, L. R.; CHRISTOV, L. H. S. *O coordenador pedagógico e a formação docente*. 2. ed. São Paulo: Loyola, 2001.

GATTI, B. A. *A construção da pesquisa em educação no Brasil*. Brasília: Pano, 2002.

GHEDIN, E. Professor reflexivo: da alienação da técnica à autonomia da crítica. In: PIMENTA, S. G.; GHEDIN, E. (Orgs.). *Professor reflexivo no Brasil*: gênese e crítica de um conceito. São Paulo: Cortez, 2002.

HOUSSAYE, J. Pedagogia: justiça para uma causa perdida? In: HOUSSAYE, J. et al. *Manifesto a favor dos pedagogos*. Porto Alegre: ArtMed, 2004.

KUENZER, A. Z. As políticas da formação: a constituição da identidade do professor sobrante. *Educação e Sociedade*, n. 68, 1999.

_____. Exclusão includente e inclusão excludente: a nova forma de dualidade estrutural que objetiva as novas relações entre educação e trabalho. In: LOMBARDI, J. C.; SAVIANI, D.; SANFELICE, J. L. *Capitalismo, trabalho e educação*. Campinas: Autores Associados, 2002a.

KUENZER, A. Z. Trabalho pedagógico: da fragmentação à unitariedade possível. In: AGUIAR, M. A. S.; FERREIRA, N. S. C. (Orgs.). *Para onde vão a orientação e a supervisão educacional?* Campinas: Papirus, 2002b.

LIBÂNEO, J. C. *Fundamentos teóricos e práticos do trabalho docente*: estudo introdutório sobre pedagogia e didática. Tese (Doutorado) — Pontifícia Universidade Católica, São Paulo, 1990.

_____. *Adeus professor, adeus professora?* Novas exigências educacionais e profissão docente. 2. ed. São Paulo: Cortez, 1998a.

_____. Que destino os educadores darão à pedagogia? In: PIMENTA, S. G. (Coord.). *Pedagogia, ciência da educação?* São Paulo: Cortez, 1998b.

_____. *Pedagogia e pedagogos, para quê?* São Paulo: Cortez, 1999.

_____. Educação: pedagogia e didática — o campo investigativo da pedagogia e da didática no Brasil: esboço histórico e buscas de identidade epistemológica e profissional. In: PIMENTA, S. G. (Org.). *Didática e formação de professores*: percursos e perspectivas no Brasil e em Portugal. 3. ed. São Paulo: Cortez, 2000.

_____. *Organização e gestão da escola*: teoria e prática. 5. ed. Goiânia: Alternativa, 2004.

_____ et al. *Educação escolar*: políticas, estrutura e organização. São Paulo: Cortez, 2003.

LIMA, E. C. Um olhar histórico sobre a supervisão. In: RANGEL, M. (Org.). *Supervisão pedagógica*: princípios e práticas. Campinas: Papirus, 2001.

LOURENÇO FILHO, M. B. *Organização e administração escolar*: curso básico. São Paulo: Melhoramentos, 1970.

MARX, K. *Para a crítica da economia política*; salário, preço e lucro; o rendimento e suas fontes: a economia vulgar. São Paulo: Abril Cultural, 1982. (Col. Os economistas.)

MARX, K.; ENGELS, F. *A ideologia alemã*: 1º capítulo seguido das "Teses sobre Feuerbach". Lisboa: Edições Avante!, 1981.

MAZZOTTI, T. B. Estatuto de cientificidade da pedagogia. In: PIMENTA, S. G. *Pedagogia, ciência da educação?* 2. ed. São Paulo: Cortez, 1998.

MIALARET, G. As ciências da educação. 2. ed. Lisboa: Moraes Editores, 1980.

MONTEIRO, S. B. Epistemologia da prática: o professor reflexivo e a pesquisa colaborativa. In: PIMENTA, S. G.; GHEDIN, E. (Orgs.). *Professor reflexivo no Brasil*: gênese e crítica de um conceito. São Paulo: Cortez, 2002.

MURIBECA, M. L. M. *A pedagogia, o pedagogo e a prática escolar*. João Pessoa: UFPB, 2001.

NAGLE, J. *Educação e sociedade na Primeira República*. São Paulo: Editora Pedagógica e Universitária, 1974.

NÓVOA, A. As ciências da educação e os processos de mudança. In: PIMENTA, Selma G. *Pedagogia, ciência da educação?* 2. ed. São Paulo: Cortez, 1998.

_____. *Nova Escola*, São Paulo: Abril, n. 142, maio 2001.

NUNES, C. do S. C. *Os sentidos de formação contínua de professores*. O mundo, o trabalho e a formação de professores no Brasil. 2000. Tese (Doutorado) — Universidade de Campinas, Campinas, 2000.

PARO, V. H. *Administração escolar*: introdução crítica. 8. ed. São Paulo: Cortez, 1999.

_____. *Por dentro da escola pública*. 3. ed. São Paulo: Xamã, 2000.

_____. *Gestão democrática da escola pública*. São Paulo: Ática, 2002.

PÉREZ GÓMEZ, A. I. *A cultura escolar na sociedade neoliberal*. Porto Alegre: Artmed, 2001.

PIMENTA, S. G. *O pedagogo na escola pública*. São Paulo: Loyola, 1988.

_____. *Pedagogia, ciência da educação?* 2. ed. São Paulo: Cortez, 1998.

_____. Formação de professores: identidade e saberes da docência. In: _____. *Saberes pedagógicos e atividade docente*. São Paulo: Cortez, 1999.

_____ (Org.). *Didática e formação de professores*: percursos e perspectivas no Brasil e em Portugal. 3. ed. São Paulo: Cortez, 2000.

_____. *De professores, pesquisa e didática*. Campinas: Papirus, 2002.

_____; GHEDIN, E. (Orgs.). *Professor reflexivo no Brasil*: gênese e crítica de um conceito. São Paulo: Cortez, 2002.

PIMENTA, S. G.; LIMA, M. S. L. *Estágio e docência*. São Paulo: Cortez, 2004.

PINTO, U. A. O pedagogo escolar: avançando no debate a partir da experiência desenvolvida nos cursos de Complementação Pedagógica. In: PIMENTA, S. G. (Org.). *Pedagogia e pedagogos*: caminhos e perspectivas. São Paulo: Cortez, 2002.

_____. *Pedagogia e pedagogos escolares*. Tese (Doutorado) — Faculdade de Educação da Universidade de São Paulo, São Paulo, 2006.

RIOS, T. A. *Compreender e ensinar*: por uma docência da melhor qualidade. 4. ed. São Paulo: Cortez, 2003.

SACRISTÁN, J. G. *Poderes instáveis em educação*. Porto Alegre: ArtMed, 1999.

_____; PÉREZ GÓMEZ, A. I. *Compreender e transformar o ensino*. 4. ed. Porto Alegre: ArtMed, 1998.

SANTIAGO, A. R. F. Projeto político-pedagógico da escola: desafio à organização dos educadores. In: VEIGA, I. P. A. (Org.). *Projeto político-pedagógico*: uma construção possível. Campinas: Papirus, 1995.

SANTOS, C. V. *O gestor educacional de uma escola em mudança*. São Paulo: Pioneira Thomson, 2002.

SÃO PAULO. Secretaria de Estado da Educação. *Estatuto do magistério*. São Paulo, 1986.

SAVIANI, D. Tendências e correntes da educação brasileira. In: MENDES, D. T. *Filosofia da educação brasileira*. Rio de Janeiro: Civilização Brasileira, 1983.

_____. *Escola e democracia*. 2. ed. São Paulo: Cortez, 1984.

_____. *Educação*: do senso comum à consciência filosófica. São Paulo: Cortez, 1985.

_____. Contribuição à elaboração da nova LDB: um início de conversa. *Revista da Ande*, n. 13, p. 5-14, 1988.

_____. *Política e educação no Brasil*. 4. ed. Campinas: Autores Associados, 1999.

_____. Transformações do capitalismo, do mundo do trabalho e da educação. In: LOMBARDI, J. C.; SAVIANI, D.; SANFELICE, J. L. *Capitalismo, trabalho e educação*. Campinas: Autores Associados, 2002.

SAVIANI, D. A supervisão educacional em perspectiva histórica: da função à profissão pela mediação da ideia. In: FERREIRA, N. S. C. (Org.). *Supervisão educacional para uma escola de qualidade*. 4. ed. São Paulo: Cortez, 2003a.

SAVIANI, D. *Pedagogia histórico-crítica*. 8. ed. Campinas: Autores Associados, 2003b.

SCHMIED-KOWARZIK, W. *Pedagogia dialética*: de Aristóteles a Paulo Freire. São Paulo: Brasiliense, 1988.

SEVERINO, A. A pesquisa em educação: a abordagem crítico-dialética e suas implicações na formação do educador. *Contrapontos*, Universidade do Vale do Itajaí, ano I, n. 1, jan./jun. 2001.

SEVERINO, A. J.; PIMENTA, S. G. Apresentação da coleção. In: PIMENTA, S. G.; LIMA, M. S. L. *Estágio e docência*. São Paulo: Cortez, 2004.

SILVA JR., C. A. *Supervisão da educação*: do autoritarismo ingênuo à vontade coletiva. São Paulo: Loyola, 1984.

_____. Prefácio. In: MACHADO, L. M. (Coord.); MAIA, G. Z. A. (Org.). *Administração & supervisão escolar*. São Paulo: Pioneira, 2000.

_____. O espaço da administração no tempo da gestão. In: MACHADO, L. M.; FERREIRA, N. S. C. (Orgs.). *Política e gestão da educação*: dois olhares. Rio de Janeiro: DP&A, 2002.

SILVA, T. T. Descolonizar o currículo: estratégias para uma pedagogia crítica. Dois ou três comentários sobre o texto de Michael Apple. In: COSTA, M. V. (Org.). *Escola básica na virada do século*. São Paulo: Cortez, 2002.

SNYDERS, G. *Pedagogia progressista*. Coimbra: Livraria Almedina, 1974.

SOUZA, V. M. *Formação em serviço de professores da SMESP, 1956-2004*: gênese, transformações e desafios. 2005. 253p. Dissertação (Mestrado) — Faculdade de Educação da Universidade de São Paulo, São Paulo, 2005.

TACHINARDI, V. L. *O supervisor de ensino paulista*: da proletarização às perspectivas de desenvolvimento profissional. 2004. Dissertação (Mestrado) — Faculdade de Educação da Universidade de São Paulo, São Paulo, 2004. 196p.

TRAGTENBERG, M. Relações de poder na escola. *Educação e Sociedade*, São Paulo, n. 0, p. 40-45, jan./abr. 1985.

VASCONCELLOS, C. S. Coordenação do trabalho pedagógico: do projeto político-pedagógico ao cotidiano da sala de aula. 6. ed. São Paulo: Libertad, 2006.

VAZQUEZ, A. S. *Filosofia da praxis*. Rio de Janeiro: Paz e Terra, 1968.

VEIGA, I. P. A. Projeto político-pedagógico da escola: uma construção coletiva. In: _____ (Org.). *Projeto político-pedagógico da escola*: uma construção possível. Campinas: Papirus, 1995.